[illegible]LOTTE CLASSIQU[illegible]

[illegible]mmencement de la Panglotte.

DICTIONNAIRE ÉTYMOLOGIQUE

PAR

FAMILLES DE MOTS

DU

FRANÇAIS, LATIN, GREC,

ET

MOTS AVANCÉS EN SANSCRIT ET EN CHINOIS.

AVEC

INDEX

FRANÇAIS, LATIN, GREC,

PAR

UN ANCIEN LEXICOGRAPHE.

Prix : 4 Francs.

A VERSAILLES,
20, RUE DE LA CHANCELLERIE.

A PARIS,
CHEZ LES PRINCIPAUX LIBRAIRES.

1859

TRIGLOTTE CLASSIQUE.

FRANÇAIS, GREC, LATIN.

Versailles. — Imp. de Aug. Montalant.

(Titre provisoire.)

TRIGLOTTE CLASSIQUE

Commencement de la Panglotte.

DICTIONNAIRE ÉTYMOLOGIQUE

PAR

FAMILLES DE MOTS

DU

FRANÇAIS, LATIN, GREC,

ET

MOTS AVANCÉS EN SANSCRIT ET EN CHINOIS.

B.

PARTIE LABIALE HYPOLOGIQUE ; CONSONNE LABIALE ; CHOSE MUE EN BAS ;

AVEC

INDEX

FRANÇAIS, LATIN, GREC.

PAR

UN ANCIEN LEXICOGRAPHE.

Prix : 4 Francs.

A VERSAILLES,
20, RUE DE LA CHANCELLERIE.

A PARIS,
CHEZ LES PRINCIPAUX LIBRAIRES.

1859

PRÉFACE.

Ce Dictionnaire étymologique par familles de mots est le commencement ou le premier essai de publication de la Panglotte, qui réunit toutes les langues dans un seul système de sons et d'idées. C'est en y plaçant d'abord les mots complets des trois langues le plus étudiées, qu'on va établir le système idéophonique; et c'est en y ajoutant plus de langues dans d'autres éditions, qu'on construira la Panglotte, le vocabulaire de l'humanité.

Il s'agit de nous faire comprendre. Ce n'est pas par une comparaison des formes grammaticales des mots détachés, mais par la comparaison lexicale des familles de mots, que nous recherchons l'origine et le sens primitif des mots. Quant aux formes de grammaire qui ont été des mots, elles y trouveront leur place dans les familles auxquelles elles appartiennent. Notre but est d'établir, sur les faits réunis des idiomes, l'entendement des radicaux et le moyen de les reconnaître dans quelque langue que ce soit, afin de rétablir l'unité de la parole qui a existé avant que les langues aient pris les formes différentes qui les séparent maintenant.

Avant l'accomplissement de cette œuvre, on ne saurait faire des dictionnaires étymologiques pour l'explication des mots. Ce que les étymologues ont fait jusqu'à nos jours pour l'explication des mots de quelque langue dans la voie de la comparaison des langues parentes, par exemple, ce qu'a fait Adelung pour l'allemand, et Webster pour l'anglais, a été méritoire sans doute mais peu suffisant, parceque tout ce travail comparatif à la surface des langues ne nous a pas fait voir jusqu'au fond de la parole, jusqu'aux monoconsonnes dont se composent les mots. On n'en a pas même fait un système partiel, comme celui de Linné en botanique; encore moins aurait-on entrepris de classifier les mots selon leur habitus total, comme Jussieu, Décandolle et Oken ont réussi à le faire pour les plantes. C'est pourquoi tous les grands linguistes, avec Klaproth à leur tête, ont désiré, comme indispensable pour l'explication du détail des langues, l'œuvre de la comparaison et réunion de tous les idiomes de l'humanité; et nous l'avons entreprise, malgré la jalousie des fainéants et la vue courte de ceux qui voudraient tout d'abord avoir un livre d'école.

Ce Dictionnaire étymologique de trois langues, le germe de la Panglotte, ne manquera pas d'être accueilli par les amis du vrai; nous leur en demandons la critique pour corriger nos erreurs, et nous tâcherons de compléter cet ouvrage destiné à jeter les fondements de l'étymologie universelle.

Nous commençons par donner l'Acg, les principes de l'étymologie, et le système idéophonique; et nous introduisons le parallèle des langues grecque, latine et française par la section **B** ↓ , qui contient les consonnes dentales avec la voyelle devant ou après, et signifie la main et les choses mues en bas. Pour indiquer d'avance le but de comparaison universelle, nous plaçons à la tête de chaque famille un mot ou deux avec le sanskrit et le chinois, dont l'un s'étudie déjà, grâce à Monsieur Bopp, pour la grammaire; l'autre s'étudiera, grâce à Amyot, pour l'origine des mots.

Nous débutons par cette section B ↓ (labiale, en bas), parceque c'est la partie la plus épineuse du jardin de la parole, et qui a le plus besoin d'être arrangée en familles.

On trouvera que nous y donnons le grec plus en détail que le latin; ce n'est pas que nous ayons une prédilection pour la langue de Platon dont nous avons publié un dictionnaire, mais c'est qu'il nous a fallu négliger un peu celle de Cicéron, pour ménager la place que nous offrent ces cahiers.

Une circonstance à expliquer est, que les inscriptions des familles de mots mentionnent quelquefois des notions pour lesquelles il n'y a pas de mots du même son dans ces langues. Ces inscriptions, le détail du système, indiquent les catégories entières; étant les mêmes pour tous les organes, elles se répètent dans les autres sections où l'on trouvera les mots par lesquels ces trois langues expriment ces notions. Par exemple : De même que *la main* se trouve exprimée en radicaux labiaux (*main*, *l. manus*, μάρη, etc.) ici sous B ↓ 1, elle paraît en gutturaux (*griffe*, *l. carpus*, χεῖρ, etc,) sous C ↓ 1, en linguaux (*l.*+ *loba*, + λοβάς, etc.) sous L ↓ 1, en nasaux (*ongle*, l. *unguis*, ὄνυξ) sous N ↓ 1, en dentaux (*tape*, τάρσος etc.) sous T ↓ 1.

En ouvrant à la même famille, au même numéro, ces cahiers différents en organe mais identiques en catégorie, on trouvera tout ce que ces trois langues possèdent de mots pour *la main* et ce qui y tient de près; en les ouvrant au numéro de tout autre objet, on en verra l'ensemble de toutes les nuances du son que ces langues présentent. On trouvera cela commode et utile pour les études étymologiques même dans ces limites étroites; mais dans la Panglotte l'avantage de cette uniformité des choses pour les cinq organes de la parole sera de guider la recherche en faisant le système des choses le « *tertium comparationis* » pour la critique de tous leurs noms dans les langues de l'humanité.

Le proverbe « *qui bene distinguit, bene docet* » sera pour la linguistique « *qui bene distinguit res, bene docet vocabula.* »

Dans la Panglotte on trouvera les mots des notions que nos trois langues n'expriment pas ici, fournis par d'autres langues, et nous y serons justifiés en disant que la langue humaine se compose de cinq langues, ou que chaque idée se trouve exprimée cinq fois, par les cinq organes de la bouche.

Cela ne sera découvert que par nos lecteurs sérieux; pour ceux qui n'ont que le temps de jeter un coup d'œil sur la préface, nous osons ajouter un mot de haute importance.

Nous sommes abusés par le manque de méthode dans l'enseignement de la langue. On confond l'esprit des enfants par l'ABC qu'il est impossible de comprendre, au lieu de leur expliquer les organes de la bouche et l'ACG. On étouffe l'esprit des jeunes gens, en ne leur disant pas la raison des mots que pourtant ils sont forcés à apprendre par autorité, sans qu'ils puissent jamais savoir pourquoi on nomme les choses et les actions comme elles sont nommées. Cette raison connue, ils se saisiraient aisément de la différence des mots d'une langue à l'autre, et ils comprendraient et retiendraient les mots latins, grecs, etc., presque en jouant; mais voilà le « *liber memoralis* » où ils sont forcés à les apprendre par cœur sans en savoir le pourquoi. Ils s'accoutument à l'ignorer, et cette ignorance de la raison des mots leur devient si naturelle qu'ils ne se soucient jamais de l'esprit de la langue. — Désabusons-nous! — Comment faire?—Ce livre commence à l'enseigner. Veuillons, humains, dorénavant suivre la nature qui nous a donné la parole, non comme une bride pour nous retenir, mais comme une lumière pour nous éclairer, comme un beau talent pour nous rendre heureux.

On peut intéresser, on peut se faire aimer, sans parler, mais on ne saurait bien se faire comprendre, obéir, qu'en parlant; mieux on s'explique, plus on est estimé, admiré, cru; plus on indique distinctement ce qu'il faut, mieux on est servi. La parole est une arme défensive et offensive, dont se sert le plus avantageusement celui qui comprend le plus exactement la signification et la valeur des mots. La parole est la monnaie que nous faisons rouler; l'usage vague et indistinct des mots laisse cette monnaie sans valeur, et fait qu'on s'en moque; leur usage propre et bien entendu les fait d'or, et leur vaut le crédit de tout le monde. La parole est la manifestation de nos lumières; plus elles sont profondes, justes, exactes, mieux nous choisissons, pour les indiquer, les mots convenables, définis, clairs, et plus nous les pénétrons jusqu'au sens primitif :

plus nous sommes sûrs d'instruire, d'éclairer et d'inspirer notre monde. Mais le défaut de la méthode naturelle dans l'enseignement de la langue nous confond, nous obscurcit, nous émousse l'esprit. — Désabusons-nous !

Observation. — *La Panglotte*, dont cette Triglotte est l'avant-coureur, sera le Vocabulaire comparatif du grec, latin, français, italien, espagnol, portugais, basque, irlandais, gallois, gælique, anglais, anglo-saxon, hollandais, allemand, teuton, gothique, islandais, danois, suédois, lapon, finlandais, hongrois, lithuanien, polonais, russe, slavon, turc, berbère, wolof, copte, égyptien, arabe, hébreu, persan, géorgien, arménien, hindou, sanskrit, malais, tubétain, mongol, toungouse, mandchou, japon, chinois, selon le système idéophonique.

ACG.

I. — SYSTÈME DES SONS DE LA BOUCHE.

§ I. Guerre.

La guerre ne se fait plus, du temps où nous vivons, que dans l'intérêt de la paix du monde. Il subsiste cependant une guerre universelle, sans qu'aucune conférence de plénipotentiaires s'y oppose, c'est celle que l'ami des étudiants, le savant Érasme, a mise en relief dans le bijou de ses œuvres, le *Bellum grammaticale*.

On dirait que ce combat, dont résulte la mutilation de tant de mots dans toutes les parties de l'oraison, aille se terminer du moins en armistice, à la haute voix des grands grammairiens de notre siècle ; mais il paraît que ni l'acharnement gothique contre les innovations, ni le fracas indien pour les parentés de grammaire, ne tende et ne serve à la solution paisible du conflit des langues, tant qu'il est conduit par des chefs différemment obstinés et tous à la fois aveugles, c'est-à-dire tant que les éléments des langues sont confondus par l'influence des alphabets tous différents et tous confus et incompréhensibles.

§ II. Malheur.

Nous ne voudrions pas être ingrats ; il est vrai que les alphabets, imparfaits comme ils sont, ont été pendant bien des siècles les véhicules de la littérature et les apôtres de la civilisation ; mais il faut enfin dire que leur diversité entr'eux est un malheur pour l'humanité, qu'aucun d'eux ne ressemble à la construction de la bouche, que la confusion inextricable dans laquelle ils donnent les lettres a sur l'esprit des enfants un effet abrutissant, et que leur rétention malgré cela est un crime dès que leur défectuosité est connue.

§ III. Confusion.

La confusion de l'alphabet se comprend un peu par son origine hiéroglyphique. Les noms grecs des lettres, *alpha*, *bêta*, *gamma*, *delta*, etc., viennent de l'hébreu où ils sont : ***aleph***, taureau ; ***beth***, maison ; ***gimel***, chameau ; ***daleth***, porte, etc. Si, au lieu de construire l'alphabet avec les débris d'un système d'images, on avait simplement indiqué les sons des

SONS	*A, c, g, h, j, k, q,* gutturaux.	*E, l, r,* linguaux.	*I, n,* nasaux.	*O, d, s, t, z,* dentaux.	*U, b, f, m, p, v,* labiaux.

organes de la bouche par des traits nommés selon les sons eux-mêmes, on aurait tout d'abord eu l'*acg* naturel, cette science innée que personne en possession d'une bouche humaine n'a besoin d'apprendre par cœur, parcequ'elle se comprend pour toujours dès qu'elle est expliquée.

La liste mandchoue des lettres est la plus simple qui existe; la liste sanskrite est extravagamment recherchée; notre alphabet est un *nec plus ultra* de confusion.

Il vaut la peine de voir cela. Les organes de la bouche sont, en commençant par le dedans, la gorge, la langue, le nez, les dents et les lèvres; et leurs sons, chacun ayant une voyelle et une ou plusieurs consonnes, sont : 1° gutturaux *a, c, ch, g, h, j, k, q, x;*

2° linguaux *e, l, r;*

3° nasaux *i, y, n;*

4° dentaux *o, d, s, t, z;*

et 5° labiaux *u, b, f, m, p, v.*

A présent l'*abc* va comme ça : *a*, son guttural, 1; *b*, labial, 5; *c*, guttural, 1; *d*, dental, 4; *e*, lingual, 2; *f*, labial, 5; *g*, guttural, 1; *h*, guttural, 1; *i*, nasal, 3; *k*, guttural, 1; *l*, lingual 2; *m*, labial, 5; *n*, nasal, 3; *o*, dental, 4; *p*, labial, 5; *q*, guttural, 1; *r*, lingual, 2; *s*, dental, 4; *t*, dental, 4; *u*, labial, 5; *v*, labial, 5; *x*, guttural, 1; *y*, nasal, 3; *z*, dental, 4.
1 — 5 — 1 — 4 — 2 — 5 — 1 — 1 — 3 — 1 — 2 — 5 — 3 — 4 — 5 — 1 — 2 — 4 — 4 — 5 — 5 — 1 — 3 — 4,
au lieu de : 1, gutturaux; 2, linguaux; 3, nasaux; 4, dentaux; 5, labiaux.

Voilà les lettres arrangées dans un ordre où aucune n'est à sa place, à l'exception seulement de la première, de la voyelle gutturale *a*. Ce désordre des lettres, que nous nommons *alphabet* (taureau-maison), et qu'il coûte tant de peine aux enfants d'apprendre par cœur, a été enfoncé dans l'esprit de l'humanité comme pour l'empêcher de connaître les organes de sa bouche, et pour rendre difficile aux nations l'étude de la lecture. Cet *abc* est un lien qu'il est indigne de l'étudiant de porter encore, quoiqu'il semble être presqu'impossible d'en délivrer le public.

§ IV. Arrangement.

Pour nous, qui avons besoin d'un outil pour percer, comparer et comprendre les langues, — d'abord les langues classiques, — il faut bien établir l'arrangement naturel des sons de la parole, selon les organes de la bouche; et comme le sanskrit, qu'on a commencé à étudier en Europe, a près de 50 lettres, voyons ensemble les lettres latines, grecques et sanskrites, pour en tirer avec plus de vigueur la conviction, qu'il nous faut l'ACG pour vaincre les difficultés de l'étude des langues, étude indispensable au développement de toutes les sciences.

Le sanskrit, langue littéraire de l'Inde, est étroitement lié, tant par la forme lexicale des mots que par leurs formes grammaticales, aux langues de l'Europe; il n'y a pas de doute, que toutes ces langues sont des sœurs, filles de Japhet, frère de Sem et de Cham. Le sanskrit a été mieux approfondi, sa grammaire plus exactement organisée, son alphabet plus distinctement développé et expliqué par ses grammairiens que n'a été celui du grec ou d'aucune autre langue. C'est pourquoi la grammaire sanskrite est tant estimée par nos grammairi-

SONS	*A, c, g, h, j, k, q,*	*E, l, r,*	*I, n,*	*O, d, s, t, z,*	*U, b, f, m, p, v,*
	gutturaux.	linguaux.	nasaux.	dentaux.	labiaux.

ens. Mais ce n'est pas la comparaison des formes grammaticales qui fait comprendre le sens des mots ; il faut comparer le matériel complet des langues, pour trouver l'origine du corps des mots, et pour remonter jusqu'au sens primitif que nous demande la raison. Nous ne comparons donc les lettres sanskrites avec celles des langues classiques que pour faire paraître leur accord et leur perception simple pour le but de l'étymologie.

Cette comparaison produit le système des sons que nous allons donner en latin.

§ V. ACG. Systema oris humani.

LITTERÆ VOCALES.		MUTÆ SIVE CONSONANTES.			
		TENUES.	MEDIÆ.	ADSPIRATÆ.	COMPOSITÆ.
GUTTURALES.	Lat. *a*. Gr. α. Sa. *a*, *â*.	*c*, *k*, *q*. κ. *k*.	*g*. γ. *g*, *j*.	*h*, *ch*. χ. *kh*. *gh*, *h*.	*x*. ξ. *tch*, *tchh*, *sch*, *dch*, *dchh*.
LINGUALES.	Lat. *e*. Gr. ε, η. Sa. *é*.	*l*. λ. *l*.	*r*. ρ. *r*.	 *lr*.	 *ri*, *rî*, *lri*, *lrî*.
NASALES.	Lat. *i*. Gr. ι. Sa. *i*, *î*.	*n*. ν. *n*.	 *ñ*.	 *ṇ*.	 *ng*.
DENTALES.	Lat. *o*. Gr. ο, ω. Sa. *ô*.	*s*, *t*. σ, τ. *s*, *t*, *ṭ*.	*d*, *z*. δ, ζ. *d*, *ḍ*.	*th*. θ. *th*, *ṭh*, *dh*, *ḍh*.	
LABIALES.	Lat. *u*, *y*. Gr. υ. Sa. *u*, *û*.	*m*, *p*. μ, π. *m*, *p*.	*b*, *v*. β. *b*, *w*.	*f*. φ. *ph*, *bh*.	 ψ.

§ VI. Découverte.

Ce système des sons de la bouche, que nous nommons l'Acg et qui devrait remplacer l'Abc dans les écoles du monde, a l'avantage de se comprendre, et d'être le même pour toutes

SONS { *A*, *c*, *g*, *h*, *j*, *k*, *q*, gutturaux. *E*, *l*, *r*, linguaux. *I*, *n*, nasaux. *O*, *d*, *s*, *t*, *z*, dentaux. *U*, *b*, *f*, *m*, *p*, *v*, labiaux.

les langues. Au lieu d'ennuyer l'écolier comme une tâche difficile à la mémoire, il lui fait apprendre les sons et les lettres comme propres aux cinq organes de sa bouche qu'il peut indiquer par les cinq doigts de sa main gauche. Aucune vérité ne saurait se démontrer d'une manière plus palpable; c'est une découverte dans sa personne même que l'enfant s'empressera de communiquer à toute sa maison.

Rendu en français, en ne s'écartant pas trop de l'*abc*, il sera mis sur les doigts comme il suit :

sur le pouce, *a, c, g, h, j, k, q, x*, sons de la gorge, lettres gutturales;
sur l'index, *e, l, r*, sons de la langue, lettres linguales;
sur le doigt du milieu, *i* et *n*, sons du nez, lettres nasales;
sur le quatrième doigt, *o, d, s, t, z*, sons des dents, lettres dentales;
et sur le petit doigt, *u, b, f, m, p, v*, sons des lèvres, lettres labiales.

Cette découverte va apaiser l'esprit du savant et généreux Volney, qui, Français arabisé, a établi, comme Membre de l'Académie des Inscriptions et Belles-lettres, un prix pour l'amélioration de l'alphabet.

Glose Arabe. C'est en l'honneur de ce brave fauteur du progrès qui aimait la langue arabe, que nous observons ici que l'écriture arabe peint, dans chaque mot, la bouche par une ligne qui indique les organes, les dents, les lèvres, le nez, la langue et la gorge. Une dent simple est *d*, avec un point dessus *n*, avec deux points dessus *t*, avec trois points dessus *th*, avec un point dessous *b*, avec deux points dessous *j*; les lèvres fermées font *m*; la langue en haut est *l*, en bas *r*; un trait creux pour la gorge sert pour les lettres gutturales. Il est impossible d'imaginer une écriture plus naturelle et juste, plus simple et belle que l'arabe.

§ VII. Clef étymologique.

Nous avons déjà dit que l'ACG est le même pour toutes les langues; cela n'est point une illusion. Comme tous les idiomes se parlent par la même bouche humaine, tous leurs alphabets, quoique différemment arrangés, ne contiennent que des sons de ses organes, et l'ACG, le simple système de ces organes, peut contenir et réunir les sons et lettres de toutes les langues sans aucune exception. Ainsi l'ACG nous sera, pour la comparaison des langues, le passe-partout de la linguistique, dès que nous aurons choisi un seul signe pour représenter les lettres d'un organe, ce qui réduira toutes les lettres d'une langue à cinq représentants. Pour les choisir, il s'agit de trouver des lettres qui ont un peu la figure des organes mêmes; et comme C désigne bien le creux de la gorge, L la langue, N le nez, T les dents et B les lèvres, nous nous servons depuis longtemps de ces cinq lettres pour désigner les cinq organes, et notre clef étymologique est :

C (gorge), L (langue), N (nez), T (dents), B (lèvres).

Ces cinq lettres, en représentant toutes les consonnes, C = c, g, h, j, k, q, x; L = l, r; N = n; T = d, s, t, th, z; B = b, f, m, p, v, w, servent à rapprocher :

1.° Les mots que l'usage a séparés par les différentes aspirations, par exemple :

(C) *carus* — *gratus* — *jucundus*, agréable; *jacēre* — κεῖμαι, coucher; *humus* — γῆ, terre; *humi* — χαμαί, par terre;

SONS	*A, c, g, h, j, k, q,* gutturaux.	*E, l, r,* linguaux.	*I, n,* nasaux.	*O, d, s, t, z,* dentaux.	*U, b, f, m, p, v,* labiaux.

(L) *lana* — ἔριον, laine; *terra* — *tellus* — *solum*, terre, sol; *tribulare* — θλίβω, presser;

(T) *edere* — ἐσθίω, allem. *essen* — angl. *eat*, manger; *tu* — σύ, — allem. *du* — angl. *thou*, tu; *damnum* — ζημία, dommage; *Deus* — Θεός, Dieu; θάπτω, ensevelir — τάφος, sépulcre;

(B) *merus* — *purus* — *verus*; *facere* — ποιέω, — allem. *machen*, faire; *equus* — ἵππος, cheval; *filius* — υἱός, fils; *pars* — μέρος, part; *parvus* — μικρός, petit; *fidus* — πιστός, fidèle;

2.° Ces mots qu'on a écartés par un différent placement de la voyelle, par exemple :

(-C = C-) *caro* — κρέας, chair; *cælare* — γλύφω, ciseler; *celare* — κρύπτω, cacher; *centum* — ἑκατόν, cent;

(-L = L-) *dulcis* — γλυκύς, doux; *olus* — λάχανον, chou; *rixa* — ἔρις, querelle; *repere* — ἕρπω, ramper; *sternere* — στρώννυμι, étendre;

(-N = N-) *juvenis* — νέος, νεανίας, jeune homme; *vincere* — νικάω, vaincre;

(-T = T-) *at*, *sed* — δέ, mais; *stannum* — κασσίτερος, étain;

(-B = B-) héb., *ab* — *pater*, père; héb., *am* — *mater*, mère; ἐμός — *meus*, mon; ἔπος — *verbum*, mot, etc., etc.

En rapprochant ainsi les mots que l'usage ignorant ou négligent a écartés et obscurcis, et en servant puissamment à en découvrir l'origine, les cinq lettres de la clef étymologique jouent un rôle si important dans la linguistique, que, comme elles ne sont plus des lettres ordinaires mais des moyens indispensables du rapprochement, il faut bien leur donner un nom propre à elles seules; et comme le Dictionnaire de l'Académie explique *type* par modèle, figure originale, ce seront les cinq *types* ou *condensateurs* qui composent la clef étymologique.

Mais c'est d'une main tremblante que nous donnons cette clef d'or au public, car un emploi peu soigneux de cette clef pour les catégories du sens des mots nous plongerait dans une mer d'erreurs semblables à celles où sont les dictionnaires qui donnent souvent à un mot plusieurs significations incompatibles. Tournons donc nos regards vers la nature primitive des mots et le système des choses ou idées qu'ils expriment.

II. — PRINCIPES DE L'ÉTYMOLOGIE.

§ VIII. La nature primitive des mots.

Créés par l'homme, les mots participent de sa nature; le son en est le corps, le sens en est l'esprit. L'homme a eu devant lui les choses avant de savoir les nommer; il a eu dans son esprit l'idée de chaque objet, avant de choisir et fixer un son de sa bouche par lequel il le nommerait; et ce qu'il a nommé n'est pas l'objet même mais l'idée qu'il en avait conçue. Il n'a formé le mot pour un objet qu'après avoir longtemps indiqué cet objet par des gestes, et le mot n'a été accepté dans l'usage du peuple que par un accord des individus qui ne s'est établi que difficilement et lentement pour durer et rester toujours tant que son objet existerait et demanderait d'être nommé. Voilà l'origine des monoconsonnes.

Les objets du premier séjour des hommes s'étant imprimés à leur esprit en forme d'idées ou de notions dont leur mémoire gardait les noms, ces hommes qui allaient vivre dans les pays éloignés où de nouveaux objets se présentaient à leur esprit, employaient les mots de leur ancienne langue dans la formation de nouveaux mots qui n'étaient que les noms de ces objets de leur premier séjour auxquels les nouveaux objets étaient semblables, combinés pour en indiquer les différentes qualités, ou développés par une articulation plus complète avec des voyelles plus variées.

Ainsi, en chinois, *hao*, chien, devint *heòu*, animal semblable au chien ; *po*, loup — *pao*, léopard ; *to*, bruit — *tông*, tonnerre, *touy*, tambour ; *tò*, camus — *toùy*, singe ; *ty*, brillant—*tîng*, pierre précieuse ; *ty*, chat, — *tîng*, tigre ; *ny* chien en colère — *ny-ny*, lion ; en grec, ὖ, ὗς, cochon, devint ὕαινα, hyène, etc., etc.

Voilà l'origine des pluriconsonnes ou bisyllabes et trisyllabes, qui, en perdant une des voyelles, s'abrégeaient en monosyllabes à deux consonnes, et en trilittères à trois consonnes.

Si cela est clair, il en suit :

1.° Que l'idée, la signification ou *le sens d'un mot en est l'essence*, tandis que le son n'est que sa partie accidentelle, différemment formée sous l'influence des climats et d'autres circonstances ;

2.° Que *les mots se composent* d'autant *de mots primitifs* d'abord monoconsonnes qu'ils contiennent de consonnes, quoique nous ayons la coûtume de prendre tantôt l'une tantôt l'autre des consonnes pour radicale, et les autres pour germinales et accessoires ;

3.° Que ces mots qui ont été corrompus par le conflit des idiomes, s'expliquent par la découverte de leur objet que la nature conserve ou reproduit toujours ;

4.° Que les mots abstraits des arts et des sciences, comme *plume*, *pinceau*, *canon*, *vaisseau*, *banque*, *commerce*, *loi*, *foi*, etc., s'expliquent par un retour vers les objets naturels qu'ils désignent tout d'abord ; et

5.° Que, pour savoir distinguer ces mots qui se ressemblent accidentellement par les mêmes sons, mais qui diffèrent essentiellement par des significations tout-à-fait diverses, il nous faut connaître, à côté du système des sons de la bouche, aussi le système des choses ou idées, arrangées selon les sens de l'homme et les directions du mouvement.

C'est en distinguant et en classifiant les mots d'abord par les sens ensuite par les sons, que nous allons former le système naturel des mots qui est le même pour toutes les langues, comme la nature de la bouche et de l'esprit est la même chez toutes les nations ; et c'est à l'aide de ce système universel que nous parviendrons à l'étymologie, à l'entendement de l'origine et du sens primitif des mots. Ce qu'on a jusqu'à présent nommé étymologie, ne l'est pas ; l'arrangement des mots dérivés sous leurs radicaux dans des dictionnaires où ces radicaux se suivent en ordre alphabétique, est utile aux écoliers, mais il n'explique pas les radicaux, faute de comparaison d'autres langues, et le renvoi des mots latins aux mots grecs, qu'on appelle étymologie dans les dictionnaires latins, suppose que les écoliers ou les lecteurs soient des Grecs, ce qui est bien ridicule ; c'est un compliment hyperbolique qu'on nous fait en imitation des premiers auteurs de vocabulaires latins, qui furent Grecs de nation et qui écrivirent pour des lecteurs qui savaient mieux le grec que le latin.

§ IX. L'ÉTYMON.

L'étymologie est l'explication de l'étymon, de l'essence des mots, jusqu'à sa source dans la nature humaine. L'essence d'un mot n'est pas, d'après ce que nous venons de dire, la forme la plus simple du son par lequel il a d'abord été exprimé et dans lequel il nous a été transmis ; car ce son ne lui est pas essentiel, il est arbitraire, il a été choisi avec liberté parmi les sons des cinq organes, et il y est peu fixé, il y change de place, et sa forme varie selon les influences des climats. Quoiqu'on puisse tracer les limites dans lesquelles le son se meut, ce n'est toujours que l'habit, sujet au goût et aux fantaisies de l'usage, l'enveloppe du sens ou de l'idée qu'il sert à rappeler.

L'étymon ou l'essence d'un mot est donc la notion que l'homme tient de l'objet de ce mot ; et cette notion ayant été dès le commencement de la parole et étant encore constamment formée par l'homme selon sa propre organisation qui se compose de ses sens et membres, il faut trouver dans la nature humaine les notions fondamentales qui composent la base de tous les étymons. Ces notions fondamentales, selonnotre observation, sont au nombre de cinq.

On sait que la bouche de l'homme se compose de cinq organes ; on va voir que chacun de ces organes forme son langage, et que la parole humaine en réunit cinq. On verra, dans le chapitre des choses ou idées, qu'il y a là cinq parties, les choses ouïes, vues, mues en haut, en bas, et en liberté, et, dans celui du système combiné des sons et des sens, que les idées s'expriment dans la parole cinq fois, par les sons des cinq organes. La nature a éte bénigne en faisant l'homme si riche en moyens de parler. Cinq veut dire poing et pied, et c'est le nombre des doigts de chacun de ces membres. Si les animaux savaient parler, ils nommeraient l'homme « l'animal à cinq doigts, bouches et idées, et par là de cinq fois supérieur aux animaux en force, en art, en langage, en ruses » — il nous sied bien de leur donner de quoi dire aussi — « et en bonté », car l'homme fut créé, selon la sainte Bible, pour être l'image de Dieu.

La voix et les choses ouïes, la vue et les choses vues, la tête et les choses mues en haut, la main et les choses mues en bas, le pied et les choses mues en liberté, voilà les cinq catégories ou notions fondamentales du sens ou de l'étymon, c'est-à-dire de l'essence idéelle des mots.

§ X. LA PAROLE AU SERVICE DES IDÉES.

L'homme, ayant à parler des choses qui l'environnent, est dans la nécessité de ranger leur nombre, grand pour sa pensée, sous les notions les plus simples que lui fournit sa nature et celle des choses.

Dès qu'il s'éveille, il voit l'astre du jour qui l'éblouit, et la nature brillante de couleurs qui le charment ; il allume son feu, il se chauffe, il se brûle, il sèche ses habits, il fait cuire sa viande, il blanchit son linge, il peint sa demeure, il polit les métaux, il se pare de fleurs et de bijoux, il s'environne de beauté ; il aime à parler de toutes ces choses vues, il s'y sert de tous les organes de sa bouche, et il en épuise les sons. Voilà la parole humaine au service des choses vues.

Sa voix, son chant, ses cris éveillent ses frères et sœurs, on s'appelle, on se gronde, on rit, on tousse, on se plaint, on se console. on apaise le chien qui aboie, on écoute et imite l'oiseau qui chante, on nomme les choses par une imitation du bruit qu'elles font ; on fait un tambour pour les enfants, des instruments de musique pour les femmes ; de toutes sortes de cris se forme le langage dont se sert la famille, par lequel on parle aux voisins, et qui s'établit parmi tout le monde, tous ayant la même facilité à imiter les choses ouïes et à en parler en onomatopée qui occupe encore une fois tous les sons de la bouche humaine. Voilà la parole au service des choses ouïes.

On se lève, on est debout, on hausse la tête, on monte à cheval, on escalade le toit, on grimpe sur les arbres, et on se sert beaucoup du bois qui croît tout autour. On voit les herbes, les feuilles, les plantes qui croissent et qu'il faut nommer pour en parler. Les fils qu'on en tire semblables aux longs cheveux, les cornes des bêtes qui ressemblent aux branches des arbres, les rives des fleuves escarpées comme les rochers des montagnes, les nuages au-dessus de tout cela et les étoiles qui montent au ciel, — que de choses mues en haut, dont il faut aussi parler à l'aide de la bouche qui n'a pourtant que les mêmes sons dont elle se sert déjà pour les choses ouïes et vues. Mais l'homme ayant du plaisir à parler, et la bouche étant aidée par des gestes pour montrer le mouvement en haut, il n'y a rien qui soit trop haut pour la langue humaine que voilà une troisième fois au service — des choses mues.

Mais le service des choses mues est triple. Le mouvement en haut est peu de chose en comparaison du mouvement en bas. Qu'y a-t-il de plus excitant pour la parole que tout ce que font les mains de l'homme qui pendent naturellement en bas et dont l'action, en touchant, mesurant, saisissant, couvrant, pressant, battant, grattant, frottant, coupant, etc., va ordinairement de haut en bas? Il faut bien parler de toutes ces actions, il faut aussi avoir des centaines de mots pour tout ce qui ressemble aux mains et à leur usage, pour les dispositions du gouvernement, pour les écritures des savants, pour les arrangements des lois aussi bien que pour les flatteries des amants, pour les griffes des chats et des oiseaux de proie, et pour les poids et mesures du commerce. L'homme, qui compte par le nombre (deux) de ses bras, (quatre) des doigts de la main, et (cinq) du poing, qui mesure par pouces, empans, aunes et brasses, pourrait-il se passer de la parole pour exprimer les nombreux travaux des mains, qui lui tuent les bêtes, lui procurent de quoi vivre, lui font des habits, servent à le défendre, et l'ensevelissent après la mort? Voilà donc une quatrième fois la bouche avec son peu de sons au service — des choses mues en bas; et bien que les mêmes sons ou mots aient ainsi déjà quatre différents sens ou significations, un cinquième besoin vient encore en demander le service.

C'est le mouvement libre de ces choses qui ne font ni monter ni tomber, mais qui marchent, coulent, volent en l'air, nagent, tremblent, sautent, se tournent, s'agitent; que l'on jette, que l'on lâche, que l'on fait aller ou passer, que l'on chasse, ou qui servent à boire, à jouer, à nous servir en se mouvant. Quelle infinité d'actions et de choses tombent sous cette catégorie ou notion fondamentale du mouvement libre! Les noms de presque tous les animaux et de bien des oiseaux et des poissons lui appartiennent, et presque tous les mouvements de la vie de l'homme y entrent. Voilà donc la parole une cinquième fois au service de nos idées.

§ II. LES GESTES REMPLACÉS PAR LA GRAMMAIRE.

Heureusement ces cinq langues dans une ne se confondent plus, comme elles ont nécessairement fait d'abord, grâce aux aspirations des consonnes, aux variations des voyelles, et aux compositions des mots radicaux, qui ont fourni à toutes les langues d'amples moyens de diversifier les mots qui offraient ordinairement, dans le commencement, les mêmes sons pour indiquer des idées bien différentes. Le chinois est encore aujourd'hui dans cette monotonie primitive, auquel il n'y a pas d'autre remède que de combiner toujours plusieurs mots pour désigner un seul objet. Ce cas existe encore çà et là en grec et en latin, où l'on a recours aux genres pour distinguer les substantifs, et aux conjugaisons pour séparer les verbes homonymes.

La monotonie des homonymes a été le grand mal de la langue primitive; un autre mal, un excès de distinctions, s'est établi dans le trop de formes des mots en plusieurs langues, par exemple le duel des substantifs, la forme moyenne des verbes et l'excès de déclinaisons et de conjugaisons, ce luxe de grammaire dans la création duquel on a oublié que les formes qui s'attachent aux mots et les ont seulement accompagnés d'abord, ne servent qu'à remplacer les gestes employés à chaque mot par les premiers inventeurs de la parole pour exprimer les circonstances, la figure et les dimensions des choses, la personne et les temps des actions, l'énergie et les effets des qualités.

L'homme cultivé ne parle que par la bouche, le sauvage parle par tout son corps. Celui-ci fait mille grimaces de terreur, d'étonnement, d'admiration, de gaîté, d'approbation, mille mouvements pour indiquer la hauteur, profondeur, longueur, grandeur ou petitesse des choses, mille signes de ses doigts, mains, bras et pieds pour exprimer les nombres, positions, connexions et actions des choses et des personnes, en un mot mille gestes que la langue cultivée remplace par les formes des mots dérivés, par les préfixes et suffixes, par l'emploi des particules, et par les formes grammaticales.

C'est en grammatisant la langue et en cultivant l'esprit par les études linguistiques, que l'humanité a fait un grand pas vers sa perfection ; il ne lui manque que la connaissance du sens primitif des mots et la réunion des langues pour y parvenir.

Mais on n'a pas seulement abandonné l'usage des gesticulations pour exprimer les circonstances de la parole, on a aussi oublié les notions fondamentales qui ont d'abord et naturellement distingué les mots du même son, se sont développées en formant des familles de mots, et sont encore la base de toute la langue. Dès qu'on eût commencé à diversifier les mots séparés par la composition lexicale et la formation grammaticale, on n'a plus pensé à leurs connexions primitives, et le souvenir des catégories du sens des mots radicaux s'est éteint. Après avoir continué pendant des milliers d'années à dériver les mots et à les employer dans les abstractions, on a nouvellement commencé à sentir le défaut des idées fondamentales pour l'explication des mots, et le besoin pressant de l'étymologie a fait soupirer les philologues après des principes qui pourraient guider leurs recherches. La comparaison des langues nous a fait retrouver enfin ces notions fondamentales qui viennent, comme une révélation de la nature, nous aider à démêler le chaos de la langue et à en assembler de nouveau les mots en familles naturelles.

L'homme vit sur la langue comme le papillon sur les fleurs et feuilles serrées des plantes variées et nombreuses d'un champ, où le sol différent a produit bien des espèces de la semence. Pour les étudier, pour les classifier, il faut descendre aux tiges et racines qui paraissent çà et là, observer l'influence des terrains, et découvrir la parenté des individus et des groupes. C'est un travail qui va fournir des connaissances pour nous éclairer. Avec un peu de persévérance nous en apprendrons la botanique et nous changerons le champ négligé en jardin agréable.

§ XII. CE QU'IL FAUT FAIRE.

La connaissance de l'origine et du sens primitif des mots s'acquiert par la comparaison et réunion des langues. Cela n'a plus besoin d'être expliqué, nous n'en donnons qu'un exemple.

Homme, en anglais et sanskrit (Webster) ***man***, en latin ***homo***, ***inis***, composé de ***ho*** (chinois ***hy*** homme) et ***manus***, sanskrit ***manas***, main, signifie l'être mâle distingué par la main, le mâle habile ou fort.

Le mot grec ἀνήρ, ἄνθρωπος, hébreu *enos*, sanskrit *janas* et ***nar***, tient à hébreu ***najor***, νεανίας, jeune homme, νεαρός, νεός, latin ***novus***, nouveau, ***natus***, né, ***nasci***, sanskrit ***jan***, naître,chinois ***yn***, génération ; et signifie, à peu près comme τέκος, enfant, ***le né***, le jeune homme. Ainsi le grec complimente l'homme pour sa jeunesse, le latin le flatte pour sa force ou son habileté.

La réunion des langues dans un seul corps, qui sera la Panglotte, servira à rendre à toutes les nations l'entendement du sens primitif des mots, qui restituera au monde la possibilité de penser, de parler et d'écrire avec justesse, clarté et plaisir.

Il faut donc faire *la Panglotte*, la réunion des langues principales complètes, non pas une comparaison de quelques centaines de leurs mots qui pourrait ne servir qu'à appuyer quelques vagues raisonnements; il faut même qu'elle soit achevée, pour pouvoir en tirer des résultats vrais et utiles. Nous l'avons presque terminée; ce sera la réunion des langues principales de l'humanité, d'abord sur le papier, pour préparer leur réunion dans l'usage des savants et dans la langue universelle.

§ XIII. CE QUE NOUS FAISONS.

La découverte du système idéophonique, qui détermine la construction de la Panglotte, a surpris les savants, et leur lenteur à le recommander empêche le gouvernement d'en appuyer le travail; il nous faut donc en publier une épreuve, pour avoir le jugement de l'Europe. Voilà pourquoi nous allons réunir dans cet ouvrage le matériel complet des trois langues qui sont le plus étudiées. Si la vente de ce volume nous encourage, nous compléterons cette œuvre pour les écoles, et après nous publierons la Panglotte pour les bibliothèques. Cela n'est pas aller « *per aspera ad astra* » mais « *ad asperiora.* » Quiconque voudra bien venir chez nous, en voir les matériaux rédigés, nous guider par ses lumières, nous appuyer par ses livres, sera le bien-venu.

§ XIV. NOMENCLATURE ET SIGNES.

L'Europe a mis deux langues en droit de servir la science : le grec fournit les mots, le français les définitions. Conformément à cette loi, nous nous servons, pour les nouvelles notions de linguistique, de quelques mots grecs que nous expliquons en français.

L'idéophonie, l'expression des notions par les sons, a cinq méthodes d'indiquer les objets:

1. Les choses ouïes s'expriment par *échologie* (ἠχολογία), l'indication des choses par quelque imitation du son ou de la voix qu'elles font entendre, méthode qui se nomme trop vaguement *onomatopée ;*

2. Les choses vues se désignent par *phénologie* (φαινολογία), la description des choses par ce qui y appert à notre vue, surtout par la lumière et les couleurs ;

3. Les choses mues en haut s'expriment par *hypsilogie* (ὑψιλογία), la dénomination des choses à raison de leur élévation ou croissance ;

4. Les choses mues en bas s'indiquent par *hypologie* (ὑπολογια), la désignation des choses à raison de leur descente ou décroissement ; et

5. Les choses mues en liberté se nomment par *porologie* (πορολογία), l'indication des choses à raison de ce qu'elles peuvent courir, couler, ou voler en l'air.

Dans ces cinq méthodes nous nous servons de la même bouche; les mots monoconsonnes dont se compose la parole, s'y répètent cinq fois; ils sont *échologiques* ou onomatopéiques au service des choses ouïes, *phénologiques* avec les choses vues, *hypsilogiques* dans les choses mues en haut, *hypologiques* pour celles qui se meuvent en bas, et *porologiques* au service des choses librement mues. Il est nécessaire, pour le but de l'étymologie, de distinguer ces cinq catégories du sens des mots, dont le détail forme le système des notions humaines où chaque idée a sa place sûre dans laquelle s'assemblent, de tous les idiomes, les mots identiques qui servent à l'exprimer.

Les sections de cet ouvrage fourniront, pour la comparaison et réunion des langues, le dé-

tail du système idéophonique appliqué aux mots de trois langues. Pour faire voir quelle place la section présente occupe dans cet ensemble, nous donnons ici le cadre du système de la langue, où nous désignons les cinq catégories du sens par ces signes :

l'échologie, la chose ouïe, par 👂,
la phénologie, la chose vue, par 👁,
l'hypsilogie, la chose mue en haut, par ↑ ,
l'hypologie, la chose mue en bas, par ↓ , et :
la porologie, la chose librement mue, par ∽ (serpent).

III. — SYSTÈME IDÉOPHONIQUE.

§ XV. Cadre.

CATÉGORIES DES NOTIONS.

ORGANES DE LA BOUCHE.	👂	👁	↑	↓	∽
C	1 C 👂	6 C 👁	11 C ↑	16 C ↓	21 C ∽
L	2 L 👂	7 L 👁	12 L ↑	17 L ↓	22 L ∽
N	3 N 👂	8 N 👁	13 N ↑	18 N ↓	23 N ∽
T	4 T 👂	9 T 👁	14 T ↑	19 T ↓	24 T ∽
B	5 B 👂	10 B 👁	15 B ↑	20 B ↓	25 B ∽

En paroles :

1. C 👂, Guttural échologique. Son guttural, sens : chose ouïe.
2. L 👂, Lingual échologique. Son lingual, sens : chose ouïe.
3. N 👂, Nasal échologique. Son nasal, sens : chose ouïe.
4. T 👂, Dental échologique. Son dental, sens : chose ouïe.
5. B 👂, Labial échologique. Son labial, sens : chose ouïe.

} 👂 Chose ouïe. ÉCHOLOGIE (onomatopée).

6. C 👁, Guttural phénologique. Chose vue, son guttural
7. L 👁, Lingual phénologique. Chose vue, son lingual.
8. N 👁, Nasal phénologique. Chose vue, son nasal.
9. T 👁, Dental phénologique. Chose vue, son dental.
10. B 👁, Labial phénologique. Chose vue, son labial.

} 👁 Chose vue. PHÉNOLOGIE.

11. C ↑ , Guttural hypsilogique. Chose mue en haut, son guttural.
12. L ↑ , Lingual hypsilogique Chose mue en haut, son lingual.
13. N ↑ , Nasal hypsilogique. Chose mue en haut, son nasal.
14. T ↑ , Dental hypsilogique. Chose mue en haut, son dental.
15. B ↑ , Labial hypsilogique. Chose mue en haut, son labial.

} ↑ Chose mue en haut. HYPSILOGIE.

16. C ↓ , Guttural	hypologique.	Chose mue en bas, son guttural.	↓ Chose mue en bas. HYPOLOGIE.
17. L ↓ , Lingual	hypologique.	Chose mue en bas, son lingual.	
18. N ↓ , Nasal	hypologique.	Chose mue en bas, son nasal.	
19. T ↓ , Dental	hypologique.	Chose mue en bas, son dental.	
20. B ↓ , Labial	hypologique.	Chose mue en bas, son labial.	
21. C ∿ , Guttural	porologique.	Chose mue en liberté, son guttural.	∿ Chose mue en liberté. POROLOGIE.
22. L ∿ , Lingual	porologique.	Chose mue en liberté, son lingual.	
23. N ∿ , Nasal	porologique.	Chose mue en liberté, son nasal.	
24. T ∿ , Dental	porologique.	Chose mue en liberté, son dental.	
25. B ∿ , Labial	porologique.	Chose mue en liberté, son labial.	

Voilà le système de l'homme comme corps et esprit parlant, système dont l'étude sera l'aube du jour de linguistique qui se lève sur l'autel de l'humanité.

Dès que ce système sera bien compris, on nous demandera le candélabre à cinquante bras que nous avons déterré et sur lequel nous n'allumons que trois flammes, et la Panglotte sera le soleil au lieu de ces trois lunes, le Panthéon au lieu de ce trépied.

La section B ↓ que nous publions à présent, sera bientôt suivie par T ↓ , C ↓ , L ↓ et N ↓, pour former le volume ↓ . La chose mue en bas terminée, suivront les volumes de la chose mue en haut, de la chose mue en liberté, de la chose vue, et de la chose ouïe. Ainsi sera détaillé le système idéophonique qui n'est pas une chimère mais l'ensemble des groupes de familles de mots de toutes les langues. Si nos trois idiomes classiques n'en mettent pas toutes les parties en plein jour, c'est la faute de la jalousie qui nous prive de l'huile nécessaire pour faire briller à la fois le grand candélabre des langues de l'humanité. Le public, l'Europe nous la procureront.

Pour mettre en attendant nos lecteurs en état de jeter d'avance un coup d'œil sur le système entier, en voici les points les plus saillants.

§ XVI. Catégories.

Chose ouïe : Ouïe. — Cri de surprise. — Cri de terreur. — Cri de douleur. — Cri d'appel. — Cri de joie. — Chant d'homme. — Chant d'oiseau. — Musique. — Son. — Respiration. — Souffle. — Voix d'homme. — Rire. — Toux. — Voix de bête. — Bruit. — Bouche. — Parole. — Baiser. — Lécher.

Chose vue : Vue. — Savoir. — Blanc. — Pur. — Clair. — Beau. — Fleur. — Jour. — Astre. — Feu. — Fumée. — Chaud. — Sec. — Rouge. — Métal.

Chose mue en dessus : Haut. — Lever. — Grand. — Gros. — Amas. — Colline. — Croître. — Vert. — Herbe. — Blé. — Plante. — Arbre. — Branche. — Feuille. — Bois. — Instruments de bois. — Fil. — Poil. — Corne. — Tête. — Corps. — Bras. — Queue.

Chose mue en bas : Main. — Poing. — Toucher. — Étendre. — Saisir. — Arrêter. — Diriger. — Couvrir. — Presser. — Bras. — Faire. — Donner. — Battre. — Blesser. — Écrire. — Frotter. — Chat. — Courber. — Couper. — Rompre. — Bas.

Chose mue en liberté : Aller. — Quitter. — Passer. — Chasser. — Errer. — Sauter. — Jouer. — Mouvoir. — Agiter. — Jeter. — Lâcher. — Voler. — Oiseau. — Animal. — Cheval. — Vitesse. — Vivre. — Trembler. — Laver. — Abonder. — Couler. — Verser. — Pluie. — Humide. — Eau. — Nager. — Poisson. — Marais. — Boire. — Sel.

Tout cela est trop naturel pour ceux qui affectent de ne craindre rien tant que d'être naturels. La langue des salons aura presque honte de son aïeule la langue des forêts. Mais on [illegible]s les mots du haut ton, des lois, de la politique, des modes, finances, etc., rangés [illegible]bles notions du ménage des premiers mortels. C'est de leurs foyers rustiques que [illegible] les langues, et ce n'est que sous leurs idées brutes ou germantes que nous [illegible]

§ XVII. Mots avancés.

Après avoir fait planer l'esprit du lecteur au-dessus de l'ensemble de la langue humaine, nous osons l'amener à l'inspection des familles de mots de trois langues, qui paraissent dans cet ouvrage arrangées selon le système de la Panglotte.

Ayant l'intention d'y ajouter les autres langues dans la Panglotte dont cet ouvrage-ci est le précurseur, nous avons mis à la tête de chaque famille de mots, en forme d'aigrettes, quelques mots avancés qui sont les mêmes en sanskrit ou quelque autre langue de moyenne formation, avec le chinois qui en est ordinairement la forme primitive. Ce petit ornement indique la connexion étymologique de nos familles de mots avec ces langues éloignées, mais comme cela ne se fait ici que par une espèce d'intrusion, nous nous abstenons d'y ajouter le mot en plus de langues.

L'impossibilité de suivre nos mots, qui appartiennent toujours à quelque partie de l'oraison, dans des langues d'une formation différente ou même sans formation, où se trouve bien le même germe mais pas de mots comparables aux nôtres, fait que *la comparaison universelle des langues ne peut se faire que par familles de mots*, ce qui, loin de rendre la comparaison des idiomes et l'entendement des mots impossible, nous mène au contraire plus directement vers la source commune des langues.

§ XVIII. Index.

L'index donne les renvois par le moyen de simples nombres, qui, ne tenant pas au système, rendent les familles de mots accessibles à tout le monde. Ces nombres seront les mêmes pour les autres sections et serviront à faire trouver les mots dans toutes les nuances de leur formation en ces trois idiomes et après dans les autres langues.

Comme l'index fait grossir de beaucoup les cahiers, nous y avons encore omis les mots qui commencent par quelque voyelle, et ces mots suivront dans le vocabulaire résumé au bout de l'ouvrage entier.

Un autre moyen d'épargner l'espace dans les cahiers s'est trouvé dans l'érudition de nos lecteurs, qui savent trop bien le latin pour avoir besoin de trouver ici tous les mots dérivés de cette langue. Cette négligence pour le latin sera réparée dans la Panglotte, où le latin sera complet dans les familles de mots comme dans l'index.

Le dernier devoir à remplir dans notre introduction serait de donner un aperçu littéraire du dictionnaire et de la grammaire de ces trois langues ; nous ferons cela devant les sections à publier après la présente.

TRIGLOTTE CLASSIQUE,

DICTIONNAIRE ÉTYMOLOGIQUE

PAR FAMILLES DE MOTS.

PARTIE : Chose mue en bas.

SECTION : Consonne labiale,

b=f=m=p=ph=v, avec la voyelle devant ou après.

aB=Ba.

§ I. — B, ✝, 1. MAIN.

MAIN, MANCHE, MANIER, HABILE.

F. *main;* L. *manus;* G. μάρη; Pers. *iman;* Chin. *mèy,* main; *men,* manier; *min,* habile.

G. μάρη, main ; μάραι, mains ; εὐμαρής, aisé, facile ; — παλάμη, paume ; παλαιθή, παλαιστή, palme, coudée ; ἀπειλέω, menacer ; — παιάν, homme habile, médecin ; φαίνινδα, jeu de paume, mourre ; — πῆδον, πηδάλιον, πῆδος, manche, gouvernail, rame ; σπιθαμή. palme, empan ; σπίζομαι, étendre la main ; σπιδής, épanoui ; — πέμπω, πομπεύω, mener, conduire, envoyer ; πομπός, πομπίλος, guide ; πομπή, mission.

L. *manus,* main ; *cominus,* près; *eminus,* loin ; *manica,* manche, f. ; *manubrium,* manche. m. ; *mancus,* manchot ; *manifestus,* manifeste : *manipulus,* poignée ; *mansuetus,* traitable ; *minari,* menacer ; *minæ,* menace ; *manubiæ,* butin ; *minister,* ministre ; *ministrare,* administrer ; — *palma, vola,* paume; *(pirum) volemum,* grosse poire ; *palmus, palmum,* palme, m. ; —*spithama,* empan ;—*vafer, peritus,* habile ;—*pompa,* escorte, pompe ; *pompilus,* pompile, guide, poisson qui accompagne les vaisseaux ; *pomposus,* pompeux ; *pompare,* parler en termes pompeux ; — *pandere,* étendre la main.

F. main ; mani-, manu- ; manuel ; manique ; manier ; manière ; manifeste ; manigance ; manipule ; manipuler ; maniveau ; manivelle ; manchot ; manche, m. et f. ; manchon ; menotte ; mener, amener, promener ; menin ; menace ; menacer ; manège ; ménage ; ménager ; ministre ; administrer ; mansuétude ; — empan, + espan ; épandre ; épanouir ; — mourre ; — palme, m. et f. ; palmier ; palmaire ; palame ; paume ; paumelle ; palmer ; palmé ; palmi- ; — patte ; patiner ; pattu ; patter ; patard ; pataud ; pote ; potelé ; potentille ; botte ; botteler ; bottine ; brodequin ; — pompe, pompeux, pompile.

§ II. — QUATRE, RAMPER, HUIT, COMPTER.

L. *(q)vatuor ;* Goth. *fidwor ;* Gall. *pedwar,* quatre ; *pawen,* patte, Chin. *piao, pa,* main.

G. τέσσαρες, éol. πίσυρες, πίσσυρες, dor. πέττορες, πίτορες, quatre ; τέταρτος, quatrième ; τετράκις, quatre fois ; τεσσαράκοντα, quarante ; τετράς, τετράδιον, τετρακτύς, le nombre de quatre ; τετρακόσιοι, quatre cents ; τέτραχα, τετραχθά, en quatre parties ; τετραχῆ, τετραχῶς, de quatre manières ; τεραχίζω, écarteler ; τεταρταῖος, de quatre jours ; τεταρταΐζω, avoir la fièvre quarte ; τετραπλόος, -οῦς, quadruple ; τετραπλῆ, au quadruple ; τετραπλάσιος, quatre fois plus grand ; πρασιά, πλαίσιον, carré ; — παιάν, pied de vers de quatre syllabes ; παιών, hymne.

L. *quatuor*, quatre ; *quartus,* quatrième ; *quater,* quatre fois ; *quadrus,* carré ; *quadrans,* quatrième partie ; *quadraginta,* quarante ; *quadringenti,* quatre cents.

F. quatre ; quatrième ; quatorze ; quarante ; quart ; quartier ; quaterne ; quadri-, quadru- ; quadrat ; quadernes ; carre ; carré ; carreau ; carrelet ; carreler ; écarteler.

§ III. — B, ↓. 2. POING.

POING, POIGNÉE, CINQ, DIX, CENT, MILLE.

F. *poing* ; **L.** *pugnus* ; **G.** πυγμή ; Polon. *piesc* ; Chin. *peou, ping*, poing.

G. πυγμή, poing ; πύξ, du poing ; πυγμαῖος, pygmée ; πύκτης, athlète ; πυκτοσύνη, pugilat ; πυκτική, art du pugilat ; πυκτεῖον, endroit du pugilat ; πυκτεύω, πυκταλίζω, combattre au pugilat ; boxer ; — φάσγανον, σφάγανον, σφαγός, poignard, épée ; — πείκω, πέκω, πεκτέω, ποκάζω, peigner, carder ; πεικός, laine cardée ; ποκάς, cheveux peignés ; — πέντε, éol. πέμπε, cinq ; πέμπτος, cinquième ; πεντάς, πεμπάς, πεμπτάς, nombre de cinq ; πεντάκις, cinq fois ; πεντήκοντα, cinquante ; πεντακόσιοι, cinq cents ; πενταπλόος, -οῦς, quintuple ; πεμπάζω, compter par cinq ; — μυρίος, innombrable ; μύριοι, dix mille ; μυριάς, nombre de dix mille ; μυριάκις, dix mille fois ; μυριότης, nombre infini.

L. ***pugnus***, poing ; ***pugillus***, poignée ; ***pugio***, poignard ; ***pumilio***, pygmée ; ***pignus***, gage ; ***pugil***, athlète ; ***pugilatus***, pugilat ; ***pugnare***, combattre ; ***pugna, prœlium***, combat. — ***pecten***, peigne ; ***pectere***, peigner ; ***pexus***, peigné ; ****petunculus***, pétoncle ; — ***quinque***, cinq ; ***quintus***, cinquième ; ***quinquaginta***, cinquante ; ***quingenti***, cinq cents ; ***quinquies***, cinq fois ; ***quinio***, nombre de cinq ; ***quini***, cinq à la fois ; ***quinarius***, de cinq ; — ***mille***, mille ; ***millia***, pl., mille pas, un mille ; ***millesimus***, millième ; ***millies***, mille fois ; ***milleni***, mille à la fois.

F. poing ; poignée ; poignet ; poignard ; pygmée ; pigne ; pignoratif ; pugilat ; boxer ; boxeur ; miton ; mitaine ; — peigne ; peigner ; pectine ; pétoncle ; — penta- ; pent-, quinqu- ; quint ; quine ; quinaire ; quinconce ; quinze ; cinq ; cinquième ; cinquante ; — mil ; mille ; millième ; million ; myri- ; myriade.

§ IV. — VOULOIR, DÉSIRER.

F. *vouloir* ; **L.** *velle* ; **G.** βούλομαι : Sansk. *vat, vli* ; Héb. *avah, abah*, vouloir.

G. βούλομαι, vouloir, désirer ; βουλή, βούλησις, βούλημα, volonté, conseil ; βουλήτος, qui dépend de la volonté ; βουλητικός, volontaire ; βουλαῖος, conseiller ; βουλῆς, sénateur ; βουλεία, fonctions sénatoriales ; βουλεύω, consulter, délibérer ; βούλευμα, délibération ; — μάω, μενεαίνω, μενοινάω, désirer ; μεμόνα, je désire, je veux ; μαμάω, être avide ; μάσμα, μενοινή, désir ; ματέω, ματεύω, μαστεύω, désirer, chercher ; μάτος, μαστύς, recherche ; ματήρ, μαστήρ, μάστωρ, μαστρός, inquisiteur ; — ποθή, πόθος, désir ; ποθέω, ποθαίνω, désirer ; ποθεινός, désirable.

L. ***avere***, désirer ; ***avarus***, avare ; ***avidus***, avide ; — ***quærere***, demander ; ***quæso***, je prie ; ***quæstio***, recherche ; ***quæstus***, négoce ; — ****pica***, désir ; ***poscere, postulare***, demander ; — ***spons***, volonté ; ***sponte***, volontairement ; ***spontaneus***, volontaire ; — ***volo, volui, velle***, vouloir ; ***volo***, volontaire, m. ; ***voluntas***, volonté ; ***voluntarius***, volontaire ; ***nolle***, ne pas vouloir ; ***malle***, aimer mieux.

F. vouloir ; je veux ; velléité ; volition ; volonté ; volontiers ; volontaire ; — pica ; — spontané ; — avare ; avarice ; avide ; avidité.

§ V. — FORCE, POUVOIR.

F. *force* ; **L.** *fortitudo, vis* ; **G.** βρίμη ; **S.** *vajas*, force ; Chin. *vou*, fort.

G. βία, force, violence ; βίαιος, forcé, violent ; βιάω, βιάζω, forcer, violer ; βιαστής, violateur ; βιασμός, contrainte ; βιαστικός, coactif ; — βου-, βρι-, μασι-, μάλα, μάλιστα, fort, très ; — μᾶλλον, plus, davantage ; βριαρός, φαικός, fort, robuste ; βριάω, rendre robuste ; βρίμη, force ; — μένος, σμέρδνος, force, véhémence ; σφεδανός, σφοδρός, fort, violent ; σφόδρα, fortement ; σφοδρύνω, devenir plus vif.

L. *vis*, violence ; *violentus*, violent ; *violare*, violer ; — *vigor*, vigueur ; *vegetus*, vigoureux ; *vigere*, être en vigueur ; — *vehemens*, véhément ; *vehementia*, véhémence ; — *vir*, homme fort ; *virilis*, viril ; *virtus*, vertu ; *vira*, *virago*, *virgo*, vierge ; *virgineus*, *virginalis*, virginal ; — *fortis*, fort ; *fortiter*, fortement ; *fortitudo*, force ; *fortescere*, devenir fort ; *fortificare*, fortifier ; — *valor*, valeur ; *valere*, *pollere*, être vaillant ; *validus*, *pollens*, vaillant ; *valde*, beaucoup ; *pollex*, pouce.

F. violent ; violer : viol ; — vigueur ; vigoureux ; — véhément ; véhémence ; — viril ; vertu ; virtuel ; virtuose ; vierge ; virago ; virginal ; — fort ; force ; forcer ; forteresse ; fortin ; fortifier ; — valant ; valable ; valide ; valeur ; vaillant ; valétudinaire ; valoir ; — pouce ; pollici- ; poltron.

§ VI. — B, ψ, 3, a. TOUCHER.

TOUCHER, TATER, FLATTER, PLAIRE.

F. *flatter;* L. *palpare;* G. παλαμάομαι ; S. *pal;* Chin. *fòu*, toucher; *mo*, tâtonner.

G. βλίω, βλιμάζω, βλημάζω, παλαμάομαι, palper, flatter de la main ; φιλέω, φίλημι, caresser, aimer ; φιλητός, aimé ; φίλος, ami ; φιλικός, amical ; φιλιόω, rendre ami ; φιλία, amitié ; φίλτρον, breuvage d'amour, philtre ; — μάω, μαίομαι, μαιμάω, μαιμάσσω, μαιμώω, μαιμώσσω, μνάομαι, μνηστεύω, briguer ; μαῖμαξ, qui brigue ; μνηστεία, μνήστευμα, brigue ; μνηστή, épouse ; μνηστός, μνηστήρ, fiancé ; μνῆστρον, arrhes du mariage ; — μήλη, sonde, spatule ; μηλόω, sonder ; — μηνύω, indiquer ; — ψάω, ψῶ, ψαύω, ψαθάλλω, toucher ; ψαλάσσω, toucher, manier ; ψηλαφάω, toucher légèrement ; ψηλάφησις, ψηλαφιά, toucher, friction ; ψάλλω, toucher du luth ; ψάλις, qui touche un instrument à cordes ; ψάλτης, ψαλτήρ, joueur d'instruments ; ψάλτρια, joueuse de harpe ; ψάλμα, ψαλμός, luth, psaume ; ψαλτήριον, harpe, psautier ; — ψιά, ψίνθος, plaisir ; ψιαδέω, jouer.

L. *amare*, flatter de la main, aimer ; *amœnus*, agréable ; *amans*, *amator*, amoureux, galant ; *amatorius*, amoureux ; *amabilis*, aimable ; *amor*, amour ; *amores*, amourette ; — *philtrum*, *filtrum*, filtre ; *palpare*, *mulcere*, flatter de la main, palper ; *palpator*, *mulcebris*, flatteur, caressant ; *mulcedo*, caresse ; *palpabilis*, palpable ; — *placare*, apaiser ; *placidus*, apaisé ; *placere*, flatter, plaire ; *placentia*, complaisance ; — *blandiri*, flatter ; *blanditiæ*, flatterie ; *blandus*, flatteur ; — *volupia*, *voluptas*, volupté ; *voluptuosus*, voluptueux ; — *precari*, briguer ; *preces*, *prex*, brigue ; — *spondere*, accorder ; *respondere*, répondre ; *sponsa*, accordée, fiancée ; *sponsus*, fiancé ; *sponsalia*, fiançailles.

F. aimer; aimable; ami; amiable, amical; amitié; amant; amour; amourette; amoureux; aménité; — palpe; palper; filtre, philtre; flatter; flatterie; flatteur; blandices; volupté; voluptueux; — plaire; plaisir; complaisance; — brigue; briguer; — époux; épouse; épouser; épousailles; répondre; réponse.

§ VII. — DEUX, SECOND, VINGT, SIX, SEPT.

L. *ambo;* G. ἄμφω, σφώ ; S. *ubha;* Angl. *both*, les deux; Chin. *fang*, deux.
F. *paire;* L. *par;* Russe, *para;* Chin. *pý*, paire; *pў*, couple.

G. β', deux ; ‚β, deux mille ; σφώ, σφωέ, σφῶϊ, ἄμφω, les deux ; ἀμφότερος, chacun des deux ; σφέ, σφεῖς, ils.

L. *bi-*, deux ; *ambo*, *ambæ*, les deux ; *bis*, + *duis*, deux fois ; *binus*, double ; *bini*, + *duini*, par deux ; *combinare*, combiner ; *binio*, paire ; *bifarius*, bifarié ; *bilanx*, balance ; *bimus*, de deux ans ; *viginti*, vingt ; *vicies*, vingt fois ; — *par*, n., paire, couple ; *par*, *pa-*

ritis, pareil, égal ; *paritas*, parité, *pariter*, également ; *parare*, *comparare*, comparer ; *disparare*, *separare*, séparer ; *pariare*, égaler ; *pariatio*, paréage ; — *maritus*, mari, époux ; *marita*, *mulier*, épouse ; *mulierculu*, femelle ; *muliebris*, de femme ; *maritalis*, marital, de mariage ; *maritare*, marier, accoupler ; *matrimonium*, mariage.

F. bi-, bes-; bifarié; bige; bigle; beset; besicles; besson; bis; binaire; biner; bilan; balance; besace, bissac; bisque; bâtard; burelle; billion; vingt; vigorte; — paire; pair; pari-; parité; pari; parier; pareil; parangon; paréage; paroli; comparer; séparer; mari; marital; marier; mariage.

§ VIII. — ASSEZ, SATURER, TÊTER, FARCIR, EMPLIR.

G. βύω, βύζω, remplir, farcir, bourrer ; βύσμα, bouchon ; βύλλοω, remplir, boucher ; βύλλος, très-plein ; — μεστός, plein ; μεστόω, remplir ; — πλέος, πλήρης, plein ; πλήθω, πλῆμι, πίμπλημι, πληρόω, emplir ; πλημμύρω, être plein ; πλήμη, πλήμμη, πλημμύρα, -υρίς, flux, haute marée ; πλημμυρέω, se déborder ; πλῆσμα, πλήσμη, ce dont on remplit ; πλήσμιος, qui remplit ; πλησμονή, πληθώρα, plénitude ; πλεονάζω, avoir plus, surabonder.

L. *farcire*, remplir ; *farcimen*, saucisse ; *fastidium*, dégoût ; *fastidire*, être dégoûté ; *fastidiosus*, dégoûté ; — *plenus*, plein ; + *plere*, *implere*, emplir ; *plerusque*, la plupart ; *plus*, *magis*, plus ; *plures*, plusieurs ; *pluralis*, pluriel ; *plurimus*, le plus de ; *plurimum*, beaucoup ; *pluscule*, un peu plus.

F. foison ; farce ; farcir ; fastidieux ; fatras ; — plein ; pléni-; pléonasme ; plérose ; pléthore ; complet ; complément ; accomplir ; emplir, remplir ; — plus ; pluri- ; pluriel ; plusieurs.

§ IX. — SAUF, SAIN, SOLIDE.

F. *appuyer* ; L. *fulcire* : G. βοηθέω ; Arabe, *mahatsa* ; Ch. *fōu*, *fong*, aider ; *fôu*, appui.

G. βέβαιος, ferme, stable ; βεβαιόω, rendre stable ; — βοηθέω, appuyer, secourir ; βοήθημα, secours ; βοηθόος, -θος, auxiliaire ; — παιάν, παιών, médecin ; παιώνιος, médicinal ; παιωνία, pivoine ; — μάν, μέν, μήν, ἀμήν, certainement, μων ? est-ce que ? ἀμύνω, aider ; ἄμυνα, défense ; ἀμείνων, meilleur ; — ὦμος, épaule ; ὄφελον, devoir ; ὠφελέω, aider, servir ; ὠφέλιμος, utile, profitable ; ὠφέλεια, -έλησις, -έλημα, gain, profit, utilité.

L. *fulcire*, appuyer ; *fulcrum*, appui ; — *mederi*, *medicari*, *remediare*, panser, remédier ; *medela*, *medicina*, médecine ; *remedium*, remède ; *medicamentum*, médicament ; *medicus*, médecin ; — *paeonia*, pivoine ; *pone*, *post*, derrière ; *posterior*, postérieur ; *posteri*, postérité ; *posterna*, poterne ; *postea*, puis ; — *ops*, aide, secours ; *opes*, secours, biens.

F. appui ; appuyer ; fulcré ; — remède ; remédier ; médecine ; médecin ; médicinal ; médicament ; — pivoine ; — puis ; depuis ; post- ; postiche ; postérieur ; postérité ; poterne ; posthume.

§ X. — LIER, JOINDRE, BATIR, DOMPTER.

F. *bander* ; L. *vincire* ; G. πεδάω, πήγνυμι ; Sa, *paç*, *badh* ; Chin. *pang*, *pien*, *pie*, lier.

G. + πάγω, + πήγω, παγόω, πήγνυμι, παχνόω, πακτόω, lier, joindre, sceller, fermer ; πάγη, παγίς, lien, piège ; παγιδεύω, prendre au filet ; πάγιος, πακτός, πηκτός, πηγός, fixe ; παγίως, fermement, solidement ; σφίγγω, lier, serrer ; σφιγγία, parcimonie ; σφιγανός, σφιγγανός, qui serre ; σφιγκτήρ, sphincter, muscle qui resserre (l'anus) ; — πυκνός, serré ; πυκνόω, serrer ; — πρίω, lier, serrer ; βροχίς, βρόχος, corde, lien ; μήρινθος, petite corde, ficelle ; μέλεθρον, piège, liens ; — μέθυ, vin ; μεθύω, -ύσκω, enivrer ; μέθη, ivresse ; — μανιάκης, μάννος, collier, bracelet ; — πεδάω, lier ; πέδη, lien, chaîne ; πεδίον, petite chaîne ; — φιμός, lien, filet ; φιμόω, lier ; φίμωσις, phimose ; — μέγαρον, maison ; μόσσυν, μόσσων, maison de bois ; μέλαθρον, maison, palais ; + βάβυξ, pont ; — φάκελος, φακός, fagot, paquet ; — ψάλιον, ψάλλιον, ψέλιον, ψέλλιον, σπέλλιον, frein, bracelet, collier ; — φορβιά, bride, licou.

L. *viere, vincire*, lier; *vinculum, vitta*, (*com*)*pes*, lien; *vimen*, vimen; *vinea, vitis*, vigne; *vindemia*, vendanges; *vinum*, vin; *vicia*, vesce; — *vincere*, vaincre; *victoria*, victoire; *victima*, victime; — *fascia*, bande; *fascinare*, fasciner; *fascis, fasciculus*, paquet; — *fœdus*, confédération; — *fidis*, corde; *fides, fidicula*, lyre; — *pangere, compingere*, joindre, unir; *pactum, compages*, pacte, lien; *pax*, paix; *pacare*, apaiser; *pacisci*, s'apaiser; *pagina*, page; — *phimus*, (lien) cornet aux dés; — *monile*, collier; — *balteus*, baudrier; — * *vadius*, * *vadium*, gage; *vas, vadis*, caution; *vadari*, demander caution; *vadimonium*, engagement; — *fanum*, temple; *fanare*, dédier, consacrer; *fanaticus*, fanatique; — *favus*, rayon de miel; — *apis*, abeille; — *fiber*, bièvre; — *palatium*, palais; — *pons*, pont; *ponto*, ponton; — *frenum*, frein; *frenare*, refréner; — *pedica*, lacet; *impedire*, empêcher; *expedire*, expédier.

F. bande; bander; bandage; bandeau; bandit; bandoulier; bandoulière; baudrier; bonjeau; bouin; — vindas; vimen; vanille; vigne; vignette; vignoble; viti-; vin; vinéal; vineux; vesce; vendanges; vendémiaire; — fasce; fascié; fascine; fasciole; fasciner; ficelle; fontange; — vaincre (qc.); victime; victoire; — fagot; faix; paquet; pacotille; page, f.; paginer; paix; paisible; apaiser; pacte; compagnie; compagnon; — empêcher; empêchement; expédier; expédition; — bride; brider; brasser; brasseyer; brécin; bréda; brédir; brelle; bretelle; bricolle; barlin; — ruban; panser; padou; piége; phimose; pycno-; sphincter; — frein; refréner; — vade; — fédéré; confédération; — favéole; faveux; favuleux; — fanatiser; fanatisme; fanatique; profane; — pont; ponton; pontife; — bâtir; bâtiment; bastide; bastille; bastion; bièvre; boutique; — bât; bâter; — bitte; bitter; — botte; botteler; bottier; bottine; brodequin; — pagode; — palais.

§ XI. — ENTASSER, ASSEMBLER, TISSER, MÊLER.

L. *apud*; G. ἐπί; Sa. *api, upa*; Héb. *bi*, près de; Chin. *pў*, unir; *pý*, ajouter.

G. μετά; Allem. *mit*; Sa. *mithas*; Chin. *ping*, avec; *my*, attacher.

G. πᾶς, tout; πάνυ, πάγχυ, tout-à-fait; — πολύ, πολλόν, beaucoup; πολύς, πόλλος, nombreux, ample; πολλοστός, vulgaire; πολλάκις, souvent; πολεύω, être souvent, fréquenter; πλῆθος, πληθύς, multitude; πληθύω, être nombreux; πληθύνω, multiplier; — ὠβή, tribu; πιτάνα, troupe, cohorte; — σπλεκόω, être ensemble; — μετά, dor. πεδά, avec; — ἐπί, près de, vers, sur, pour; ἐπεί, comme, parceque; — παρά, près, d'après; πρός, πρότι, ποτί, πέλας, dor. ποτ-, près; πελάτης, voisin; πλήσιος, proche; πλῆμι, s'approcher; * πλάω, πλάθω, πελάζω, πλησιάζω, πίλναμαι, approcher; πλησιασμός, approche; πλάτις, assemblée; — μίσγω, μίγνυμι, mêler; μίγα, pêle-mêle; μίξις, mixtion.

L. *omnis*, tout; *omnino*, tout-à-fait; — *multum*, beaucoup; *multus*, nombreux; *multitudo*, multitude; — *populus, vulgus, plebs*, peuple; *publicus*, public; *publice, palam*, en public; *publicare*, publier; *vulgare, promulgare*, divulguer; *vulgaris*, vulgaire; *vulgo*, vulgairement; — *frequens*, fréquent; *frequentia*, fréquence; — *apud*, près de; *parere*, paraître, obéir; *fere, ferme, penes, prope*, près; *pene, pæne*, presque; *penitus*, près; *penetrare*, pénétrer; *penates*, pénates; *propior*, proche; *proximus, propinquus*, prochain; *appropinquare*, approcher; *proprius*, propre; *proprietas*, propriété; *propter*, à cause de; *propitius*, propice; *prosper*, prospère; — *miscere*, mêler; *mixtura*, mélange; *promiscuus*, commun; *mulus, burdo, burdus*, mulet, bardot; *mappa*, tapis.

F. pan-; panto-; pasi-; maint; multi-; multitude; foule; peuple; populaire; public; publier; promulguer; divulguer; vulgaire; vulgate; poly-; polype; — fréquent; fréquence; fréquenter; — pénates; péninsule; pénétrer; — près; auprès; après; presque; proche, prochain; approcher; proximité; para-; paraître; parafe; pros-; prosélyte; prosodie; prospère; prospérer; prospérité; — propre; propriété; approprier; propice; — méta-; météore; méthode; — mêler; mélange; mêlée; mixte; méteil; métis; micmac; miscible; promiscuité; mule, f.; mulet; mulâtre; muletier; bardot; — mappemonde.

§ XII. — AVANT, OSER, TROUVER.

F. *venir ;* L. *venire;* G. μολεῖν ; Héb. *bua,* venir ; Chin. *fôu,* convenir ; *py,* parvenir.

G. -φι, -φιν, à ; — μόλω, μολέω, μολίσκω, venir ; ἐπίμολος, qui arrive ; ἐκμολέω, sortir ; ἀγχίμολος, proche ; αὐτόμολος, transfuge ; — βλώσκω, arriver ; βλῶσις, arrivée ; — μυθίης, mutin ; μυθητήρ, orateur d'émeute.

L. *venire,* venir ; *adventus,* arrivée ; *invenire,* trouver, inventer ; *convenire,* s'assembler ; *conventus,* assemblée, couvent ; — *fors,* rencontre, hasard ; *forte, forsan, forsitan,* par hasard ; *fortuna,* fortune ; *fortuitus,* fortuit ; — *-ve, vel,* ou ; *-que atque,* et.

F. venir ; venu ; venelle ; * vientrage ; vignage ; parvenir ; convenir ; couvent ; inventer ; invention ; — meute ; émeute ; mutin ; se mutiner ; — fortuit ; fortune.

§ XIII. B, ↓ . 3. B. ÉTENDRE, MESURER.

F. *mesure ;* L. *mensura;* G. μέτρον ; Sa. *matran ;* Héb. *mad ;* Chin. *fôu,* mesure.

G. μάτιον, μέτρον, mesure, mètre ; μετρέω, mesurer ; μέτριος, mesuré, modéré ; μετριότης, modération ; μετρικός, de mesure ; μετριάζω, être modéré ; μετρητής, mesureur ; μετρητός, mesuré ; — μόδιος, μέδιμνος, boisseau ; μεδιμναῖος, d'un boisseau ; — πετάννυμι, + πετάω, πετάζω, πιτνάω, étendre, déployer ; πέταλος, déployé ; πέταλον, feuille ; πέτασμα, étendue ; πέτασος, chapeau large ; — σπίζω, étendre ; σπιδής, étendu, long, plat ; σπιδόθεν, loin ; σπιθάμη, empan, palme ; σπιθαμαῖος, -μιαῖος, d'un empan ; — μακών, étendu en long ; πτέρνα, πτερνίς, talon, fond ; πτέρνη, πέρνη, πέρνα, πετασών, jambon ; πτερνίζω, frapper avec le talon ; πτερνισμός, croc-en jambe, supercherie ; πτερνιστής, qui rue ; πτερνιστήρ, éperon ; σπαργάω, s'étendre, s'enfler.

L. *meta,* borne ; *pedagium,* péage ; *metiri,* mesurer ; *mensura, amussis,* mesure ; *modius, medimnus,* boisseau ; *modus, mos,* mode ; *mores,* mœurs ; *morigerari,* morigérer ; *morosus,* morose, bourru : *moralis,* moral ; *modulus,* modèle ; *modulari,* chanter de mesure ; *modicus,* modique ; *modestus,* modeste ; *moderari,* modérer ; *admodum,* beaucoup ; *nimis, nimium,* trop ; *nimius,* de trop ; — *pandere, expandere,* étendre, déployer ; *passus,* étendu ; *uva passa, racemus passus,* raisin déployé, mûr ; *petasus,* chapeau à grands bords ; *petaso, -sio, perna,* jambon ; — *patere,* être ouvert ; *patulus,* ouvert ; — *spatium,* espace, étendue ; *spatiosus,* spacieux ; *spatiari,* s'étendre, se promener.

F. borne ; borner ; — péage ; péager ; — mesure ; mesurer ; mensure ; mètre ; métrio- ; métrique ; biveau ; — médimne ; mine ; minot ; boisseau ; — mode ; modique ; modéré ; modérer ; modeste ; moderne ; module ; moduler ; modèle ; moule ; mouler ; — mœurs ; moral ; morale ; moralité ; moraliser ; morigérer ; morose ; — vare ; — espace ; spacieux ; — éperon ; — perne ; pétase.

§ XIV. — B. ↓ . 4. SAISIR.

DOIGT, SAISIR, TIRER, ARRACHER, VOLER, ESCLAVE, SERVIR, NU, PAUVRE.

F. *voler ;* L. *furari ;* G. φωράω ; Sa. *pat ;* Ch. *fey, piao,* voler.

G. πάω, acquérir, posséder ; πάομαι, saisir, tenir ; πᾶμα, πᾶσις, possession ; — σπάω, tirer ; σπάσις, action de tirer ; σπάσμα, spasme ; σπάζω, σπαδιζω, σπαδονίζω, arracher, déchirer ; σπάδιξ, branche détachée ; σπάδων, eunuque, castrat ; ψάω, ψάλλω, tirer, jouer ; — φώρ, voleur ; φώριος, furtif ; φώριον, φωρά, φωρεία, vol ; φωράω, surprendre, voler ; — μάρπτω, saisir, tenir ; μάρπτις, -τος, voleur ; μέρδω, priver ; ἀμέρδω, aveugler ; πειράω, πειράζω, tenter, essayer ; πειρατής, pirate, corsaire ; — μηρύω, filer, dévider, tisser ; — μότος, μοτάριον, charpie ; μίτος, fil de la trame, corde ; μιτόω, tendre la trame ; — πηνίζω, filer ; πήνη, πήνιον, fuseau ; πήνισμα, fil ; πῆνος, tissu, toile ; πηνίκη, perruque ; — βύσσος, lin très-fin, ouate : — μαλός, laine ; μάλιον, μαλλός, toison, chevelure ; μαλλωτός, laineux ; — πένης, pauvre ; πενηστεύω, être pauvre ; πενία, pauvreté ; πενεστής, esclave, domestique (conf. § XXVII).

L. *vellere*, tirer, arracher ; *vulsella*, vulselle ; *villus*, poil ; *villosus*, villeux ; *psallere*, tirer, jouer ; — *filum*, fil ; *fidis*, corde ; *fides*, *fidicula*, lyre ; — *spolia*, dépouilles ; *spoliare*, piller ; — *spadix*, *spatula*, branche détachée ; *spado*, eunuque ; — *fur*, voleur ; *furari*, voler ; *furtim*, à la voleur ; *furtum*, vol ; *furtivus*, furtif ; — *præda*, butin ; *prædari*, piller ; — *privare*, priver ; *privus*, *privatus*, privé ; *privilegium*, privilége ; — *pauper*, pauvre ; *paupertas*, *penuria*, pauvreté.

F. vol ; voler ; voleur ; filou ; piller ; pillage ; piuser ; spolier ; dépouiller ; dépouilles ; plagiaire ; plagiat ; vulselle ; villeux ; villi- ; — picorer ; bousquier ; butin ; proie ; priver ; privé ; privilége ; furtif ; forban ; fripon ; brigand ; brigander ; brigandage ; pirate ; piraterie ; — pacant ; spasme ; se pâmer ; — fil ; profil ; filaire ; filament ; filandière ; filandres ; filant ; filasse ; file ; filer ; filière ; filet ; filigrane ; filoche ; filon ; violon ; violine ; — perruque ; — pauvre ; pauvreté ; appauvrir ; paupérisme ; pénurie ; — poulie ; — psaume ; psautier ; psalmiste ; psallette.

§ XV. — PRENDRE, TROIS, RECEVOIR, ACHETER, CHOISIR.

F. *prendre ;* L. *prehendere ;* G. πράσσω ; Sa. *parc ;* Chin. *pa*, *pou*, prendre.

G. πόω, ποέω, μαπέειν, φιάλλω, prendre ; — πριόω, πρίαμαι, πρίημι, acheter ; — πράσσω, -ττω, prendre, atteindre, faire ; πρᾶξις, affaire, usage ; πρᾶγμα, fait ; πρακτικός, pratique (§ XXX).

L. *emere*, acquérir, acheter ; *promere*, en tirer ; *perimere*, détruire ; — *prehendere*, prendre ; *prehensare*, briguer.

F. puiser ; — besoin ; besogne ; besogner ; besoigneux ; — barandage ; prendre ; pris ; prise ; préhension ; prison ; prisonnier ; — périmer.

§ XVI. — B. . 5, a. ARRÊTER.

ARRÊTER, OBSTRUER, CONTRARIER, SERRER, EMPÊCHER, AVOIR, POSSÉDER, EMBRASSER, TENIR, CONTENIR.

F. *pauser* ; L. *morari* ; G. παύω ; Sa. *balada ;* Chin. *py*, s'arrêter, cesser.

G. παύω, faire cesser ; παύομαι, cesser ; παῦσις, cessation, pause ; παῦλα, repos ; παλία, lendemain ; πάλι, πάλιν, en arrière, de nouveau ; — βαλβίς, barrière ; — φράσσω, φράττω, obstruer, boucher : φράγμα, enclos, haie, mur ; φρακτός, muni ; — φείδομαι, épargner ; φειδώ, φεισμόνη, parcimonie, épargne ; φειδός, φειδών, φείδαλος, économe, ménager ; φειδωλός, mesquin ; — πλούσιος, riche ; πλοῦτος, richesse ; πλουτέω, être riche.

L. *mora*, délai ; *morari*, retarder ; *moratorius*, qui retarde ; — *parcere*, épargner ; *parcus*, frugal ; *parsimonia*, parcimonie ; — *forceps*, forces ; *forfex*, tenailles ; — *quies*, repos ; *quietus*, quiet ; *quiescere*, se reposer ; *pausa*, pause.

F. Pause ; pauser ; baster ; pat ; — forces ; forcipule ; morailles ; mordache ; bercelle ; brucelles ; pinces ; pincette ; pinçon ; pincer ; forficule ; — moratoire ; moraine ; phragme ; embarras ; embarrasser ; — épargne ; épargner ; barguigner ; parcimonie ; mesquin ; — repos ; reposer ; — quiet ; quiescent ; — plusiaque ; — avoir ; eu.

§ XVII. — LENT, TARD.

G. βλάξ, βλακικός, βλακώδης, lâche, paresseux ; βλακεία, lâcheté ; βλακεύω, être nonchalant.

L. *bardus*, lent, stupide ; *baro*, stupide, goujat.

F. paresse ; paresseux ; — fanfaron.

§ XVIII. — B. ↓. 5, b. DIRIGER.

DIRIGER, DROIT, GOUVERNER. ROYAUME, MAÎTRE, HÉROS, MALE.

F. *pouvoir;* L. *posse;* G. φθάνω, pouvoir; πάομαι, tenir; Sa. *pat*, gouverner; Chin. *pa*, régner; *pan*, diriger.

G. φθάνω, pouvoir, obtenir; πότνιος, vénérable; πότνια, maîtresse; ποτνιάω, -άζω, honorer. — πάομαι, tenir, posséder (§ XIV). — βᾶ, βασιλεύς, βαλήν, roi; βασιλικός, royal; βασιλικν, basilic (plante); βασιλίσκος, basilic; βασιλίς, reine. — μέδω, μέδομαι, commander, règner, songer à; μέδων, commandant, roi; μελεδών, tuteur, roi; μελέδη, μελέτη, soin, méditation; μελεδαίνω, μελετάω, soigner; μέλει, on a soin; μέλημα, objet des soins; μήδομαι, méditer, avair soin; μῆδος, soin, dessein.

L. *pos, potis*, qui peut; *impos*, qui ne peut pas; *posse*, pouvoir; *potestas*, le pouvoir; *potens*, puissant; *potenter*, puissamment; *potentia*, force, puissance: *potentatus*, puissance; *potentator*, potentat; *potius*, plutôt; *possum*, *queo*, je puis; *potiri*, *possidere*, *possessio* possession; — *mas*, mâle; *masculus*, *masculinus*, viril; — *vir*, homme fort; *virilis*. viril; *virtus*, vertu (§ II); *magister*, maître; *magistratus*, magistrat; *basiliscus*, basilic; *basilica*, basilique, palais; *basilicula*, petite chapelle; *baro*, homme, baron.

F. pouvoir; possible; puissant; puissance; potentat; potentiel; posséder; possession; podestat; maître; maîtriser; magistrat; mestre; meistre; mistral; métier; — baron; — faquin; faquinerie; — bey; bacha, pacha; — basilic; basilique; basoche; — béelzebub, -buth; — mâle; masculin; mannequin.

§ XIX. — B. ↓. 5, c. COUVRIR.

COUVRIR, CACHER, ENSEVELIR, VOILER, ORNER, CRÉPIR, ÉTEINDRE.

F. *couvrir;* L. *operire;* G. βύω; Sa. *vat;* Chin. *pỳ*, *fou*, couvrir.

G. βύω, βύζω, couvrir, boucher; μυέω, initier; μύστης, initié; μυστήριον, mystère; μυστικός, mystique. — μύνη, prétexte, excuse; μύνομαι, prétexter. — βρυχιός, submergé. — σβέω, σβέννυμι, σβεννύω, éteindre, étouffer; σβεννύς, σβεστήρ, -ής, qui éteint; σβέσις, extinction. — πῶμα, couvercle, bouchon; πωμάζω, bouchonner. — παστός, lit nuptial, voile; ποῦς, voile de navire. — σπεῖρον, couverture.

L. *operire*, *cooperire*, couvrir; opertus, couvert; *aperire*, ouvrir; *apertus*, ouvert: — *velum*. *velamen*, *flammeum*, voile; *velare*, voiler; *flamen*, prêtre voilé; *pluteus*, parapet; — *pannus*, drap; — *operculum*, *operimentum*, couverture; *mappa*, serviette; — *mysta*, initié; *mysterium*, mystère; *mysticus*, mystique; — *valva*, valve.

F. couvrir; couverture; couvercle; — mystère; mystique; se musser; moufle, m.; — voile; m. et f.; voiler; blindes; blinder; poèle, m.; vélaminaire; — bagnolet; bâche; pagnon; pagne; panne; pannicule; fanon; fanion; banderole; bandière; bannière; bome; pennon; penaillon; — parer; barder; barde; bardeau; fournir; fourniment; fourniture; — poma-; pomato-; banneret; — valve; valvé; valvi-; valvule.

§ XX. — ENVELOPPER, PEAU, CHAIR, CORPS, FIGURE.

F. *peau;* L. *pellis;* G. βαίτα, βεῦθος; Chin. *pao*, peau; *pŷ*, cuir.

G. πέπλος, enveloppe, châle. — φόβη, chevelure, feuillage. — βύρσα, φάσκος, μανδάκη, σπάτος, peau, cuir; σπάτειος, fait de cuir; φασκώλιον, bourse de cuir; φάσκωλος, φάσκαλος, valise. — σπολάς, habit de peau. — βαίτα, βαίτη, peau, habit de peau; βεῦθος, peau de bœuf. — μολγός, sac de cuir ; μόλγινος; de cuir. — μάραγνα, μάσθλη, -ης, courroie, fouet; μάρσιπος, -υπος, bourse; βαλάντιον, bourse à argent; βύσμα, bourse, besace; πουγγή, petit sac. — φελλάς, parchemin; φορίνη, peau du cochon. — μέμβρανα, peau, membrane; μήνιγξ, meninge.

L. *pulpa*, chair ; *pulvinus*, coussin ; — *volva*, enveloppe ; *bulga*, sac de cuir ; *palear*, fanon d'un bœuf ; *pellis*, peau ; *vellus*, peau, toison ; *perula*, pérule ; *marsupium*, *follis*, bourse ; *folliculus*, follicule ; *fiscus*, fisc; *mantica*, valise ; — *membrana*, membrane.

F. peau; peler; pellicule; pelisse; pelouse; pelu; poil; peluche; ploc; ploquer; ploque; enveloppe; envelopper; — maillot; — bretelle; — bourse; boursier; boussard; bursaire; bursal; bougette; budget; poche; bagage; baguenaude; molges; moufle; f.; fisc.; fiscal; marsupial; follicule; — valise; — membrane; méninge; — fanon d'un bœuf.

§ XXI. — HABIT, ROBE, BONNET, CHAPEAU.

F. *vêtement;* L. *vestis;* G. βαίτη, βῆροε, σπολάς; Chin. *fo*, *pao*, *pêy*, habit.

G. μίτρα, μίτρη, bonnet; μιτρόω, ceindre d'une mitre. — βῆρος, habit; βράκος, braies, culotte. — σπεῖρον, vêtement; σπέληξ, vêtement de femme; πέπλος, πέπλον, voile, robe. — μανδύη, μανδύας, manteau militaire; μαντήλιον, manteau. — φᾶρος, φάρσος, voile, manteau; φάριον, bandelette de laine.—φόλλις, sac, bourse; πήρα, sac, poche, besace; ποιρίν, scrotum; πιτυάνη, πιτυδάνη, petite outre; φάσκωλος, φάσκαλος, valise. — πέλυξ, πέλλιξ, πήληξ, casque; πῖλος, poil, chapeau de laine.

L. *mitra*,* *muza*,* *mussa*, *vitta*, bonnet ; — *vestis*, vêtement ; *vestire*, vêtir ; — *palla*, *pallium*, *mantellum*, manteau ; — *pileus*, chapeau ; — *bracæ*, *braccæ*, braies, pantalon ; — *peplum*, voile, robe ; — *pera*, sac, besace.

F. mitre; beret; barrette, bavolet; bonnet; béguin; béguine; aumusse; musser;—piléi-; piléole;— vêtir; vêtement; vestiture; veste; spencer; péplon; blouse; bornous; bournous; brague; braie; brayer, m.; frac; froc;—manteau; mandille; mantille; mante; mantide; paletot; pallier; palliatif; — morion.

§ XXII. — BOUCLIER, CUIRASSE, POITRAIL, BOÎTE, COFFRE, FOURREAU, CARQUOIS.

F. *bouclier;* L. *parma;* G. πάλμη, πέλτη; Chin. *pây*, bouclier.

F. *boîte;* L. *pyxis;* G. πυξίς; Slav. *pusska*; Chin. *pién*, boîte; *pêy*, coffre.

G. πάλμη, πάρμη, πέλτη, bouclier; πελταστής, peltaste. — φάρετρα, carquois. — πυξίς, boîte. — μύκη, fourreau. — φελόνης, caisse, capse; φελόνιον, chasuble.

L. *parma*, *pelta*, bouclier ; — *pharetra*, carquois ; — *pyxis*, boîte ; — *vagina*, vagin.

F. bouclier; parme; parmacelle; pavois; pavesade; pavillon; pelte; peltaste;— fourreau; fourrer; fourreur; fourrure; malle; mallette;— boîte; fusil; — vagin; vagine.

§ XXIII. — TOÎT, MAISON, TUILE, BRIQUE, MUR, ÉCAILLE, COQUILLE.

F. *mur* ; L. *murus*, *paries*; G. μόργος; Sa. *muran* ; Chin. *py*, *pêy*, mur.

F. *bourg*; L. *burgus* ; G. πύργος; Sa. *puri*, *palli* ; Chin. *fang*, bourg; *pào*, forteresse; *fôu*, ville.

G. πύργος, πέργαμον, bourg; πόλις, πτόλις, ville, bourg; πολίτης, bourgeois; πολιτικός, politique; πολιτεία, police; πολιτεύω, gouverner; πολίζω, bâtir une ville. — πλίνθος, plinthe, brique; πλινθόω, bâtir de brique, carreler. — βάρις, mur; μάνδρα, μάνδρευμα, parc; μάργος, clôture, haie.—μῦς, μυΐσκος, μύαξ, μυτίλος, moule, f.; μύστρον, cuillère; φωλάς, coquille; φωλίς, φολίς, φλονίς, écaille de poisson. — βρέγμα, βρέχμα, partie supérieure de la tête, front.

L. *pagus*, *burgus*, bourg ; *paganus*, païen ; *propagare*, propager ; — *murus*, mur ; *paries*, *maceria*, paroi, muraille ; *mænia*, murailles ; *magalia*, *mapalia*, cabanes, huttes ; — *villa*, petit village ; *politia*, police ; *politicus*, politique ;— *plinthus*, plinthe ;— *mytulus*, *mutulus*, *mitulus*, *mytilus*, *mutilus*, *musculus*,-*la*, moûle, f. ; *murex*, muricier ; — *frons*, front ; — *squama*, écaille de poisson.

F. bourg; bourgeois; pays; païen (§ LXIV); villa; village; ville; police; policer; politique; politesse; polisson; — mur; muraille; merlon; parapet; paroi; pariétal; barbacane;— plinthe, brique; — falun; moûle, f., mousle, modiole; mulète; — murex; muricier; muriqué; my-; mye; mytilo-; pholade;— front; fronton; froncer; frontière.

§ XXIV. — B, ↓, 5, d. PRESSER.

PRESSER, OPPRIMER.

F. *presser*; L. *premere*; G. πιέζω, βρίθω; Sa. *parc*; Chin. *pe*, *pў*, presser.

G. βιάζω, πιέζω, βαρύνω, -νέω, βρίθω, φλίβω, presser ; πίεξις, φλίψις, pression ; πιθεών, pressoir; πράσσω (presser) manier (§ XXX); σφραγίς, sceau, cachet; βρυτέα, raisin exprimé; μέργω, ἀμέργω, exprimer; ἀμοργή, marc d'huile. — βλίω, βλίζω, βλίττω, exprimer; βλίξ, assidûment; πιλέω, fouler, presser, pétrir; πιλόω, fouler la laine ; σπληνίον, compresse; πιθεών, pressoir. — πνίγω, étouffer, étrangler ; πνίξ, πνιγμός, étouffement; πνύξ, lieu d'assemblée. — φιμόω, μύω, serrer; μύσις, resserrement.

L. *premere*, *pressare*, presser ; *prelum*, *pressorium*, pressoir ; *pressio*, pression ; *amurca*, marc d'huile ; *mustus*, frais ; *mustum*, moût ; *porro*, mais, donc ; *prorsum*, *prorsus*, directement ; *prorsus*, *prosarius*, *prosaïcus*, prosaïque ; *prosa*, prose ; *opprimere*, opprimer.

F. presser ; presse ; pressoir ; pression ; pressurer ; exprimer ; opprimer ; — bagasse ;— marc ; — myo- ; myose ; — moût ; moutarde ; — prose ; prosaïque.

§ XXV. — PESER, POIDS, LOURD.

F. *poids*; L. *pondus*; G. βάρος; Suéd. *vigt*; Russe *ves*; Chin. *po*, *fou*, poids.

F. *pierre*; L. *petra*; G. πέτρα; Russe *but*; Héb. *eben*; Chin. *pa*, pierre; *pân*, grande pierre.

G. βάρος, poids; βάρημα, pesanteur; βαρύς, pesant;βαρέω, βαρύθω, peser; βριθύς, lourd, pesant; βρίθος, lourdeur, poids; βραδύς, lourd, lent; βράδος, lourdeur (§ XVII).— πράνης, πρήνης, qui penche en devant ; πρώρα, proue, front, face ; πρωράζω, pencher en avant. — φέλος, φέλα, φελλα, φελλός, πέλα, πέλλα, πέλλας, pierre; πτέρα, πέτρος, pierre, rocher; πετρόω, pétrifier; πετροσέλινον, persil ; πεσσός, dame (jeu); πεσσεία, πεττεία, jeu de dames; μῶλος, pierre, meule; βῶλος, βῶλαξ,motte de terre; βάσανος, pierre de touche; βασανίτης, βασάλτης, basalte; φελλεάται, φελλεῖς, cailloux; — μνᾶ, mine; μαγνίτης, μαγνήτης, aimant.— μύρρα, pierre; μόροχθος, pierre pour blanchir; μορρία, porcelaine. — φάγρος, pierre à aiguiser. — πάιπαλα, lieux pierreux, escarpés. — ψῆφος, caillou, galet; ψηφάω, compter, réfléchir. — ψειαί, cailloux; ψύριος, âpre, inculte; σπῖλος, roche, rocher; σπιλάς, écueil. — μόλιβος, μόλυβος, μόλυβδος, plomb; μολύβδαινα, vase de plomb; μολύβδωσις, soudure.

L. *pondus*, poids ; *pondo*, livre, f. ; *ponderare*, peser ; *pendere*, être suspendu ; *pendere*, suspendre ; *pensilis*, suspendu ; *pensare*, peser ; — *pronus*, qui penche en devant ; — *severus*, pesant, sévère ; — *moles*, pierre, meule, môle ; *moliri*, remuer comme une pierre ; — *basaltes*, *basanites*, basalte ; — *murra*, *murrha*, pierre ; *murrhinus*, murrhin ; — *petra*, pierre, roche ; *petro*, montagnard, bélier ; *petroselinum*, persil ; — *pavire*, paver ; *pavimentum*, pavé ; — *mina*, mine ; *magnes*, *magnites*, aimant ; — *plumbum*, plomb.

F. poids; pondage; pondérer; peser; peson; pesant; pesanteur; pendre; pendant; pendule; penduline; pension; pente; pencher; penchant; penser; biquet; faix; barium; baro-; bary-;

baryte; brady-; — pronation; pronateur; — sévère; — pierre; parpaing; perron; persil; pétri-; pétro-; pétrole; briquet; brique; quartz; queux; queue; quiosse; flin; falaise; basalte; basanite; bétyle; motte; meule; môle; banche; pavie; paver; pavé; — mine; aimant; magnétique; magnéto-; — marcasite; murrhin; porcelaine; — plomb; plomber; belée; bellon; molybdène.

§ XXVI. — BOUCHER, REMPLIR, FERMER, FIXER, GELER.

F. *fixe;* L. *fixus;* G. πυκός, παγιός; Sa. *paças;* Chin. *pỳ*, fixe.

F. *froid;* L. *frigus;* G. πάγος, ψύχος; Russe *moros;* Chin. *ping*, gelée.

G. πάγιος, πυκός, πυκνός, fixe; παχύνω, πυκάζω, πυκνόω, épaissir, serrer; πυκά, solidement, πυκνά, -νόν, fréquemment, souvent; πυκτίζω, fermer, assurer; παχύς, πυκινός, σπιδνός, épais; massif; πάχος, grosseur; πάσσων, plus épais. — πικέριον, beurre. — πακνόω, πήγνυμι, fixer, geler; παγόω, παχνόω, geler, glacer; πῆξις, assemblage, congélation; πάγος, πηγάς, πῆγμα, πάγετος, πάχνη, πηγυλις, froid, glace, rocher; πάχνη, gelée blanche, frimas; παγερός, froid; παγώδης, glacial; πηγός, congelé; πηκτός, gelé, composé; πηκτίς, gelée artificielle; μάλκη, engelure; μάλκιος, glaçant; μαλκέω, -εύω, être glacé. — βορέας, borée; βόρειος, boréal. — βαγώας, βάκηλος, βάκελος, bachelier. — μύκηρος, amande, noix; πιστάκια, φιττάκια, ψιττάκια, pistache. — μάγγανον, μάνδαλος, verrou; μαγάς, chevalet de luth. — μαγάδις, luth; μαγαδεύω, -δίζω, jouer du luth. — μυλόω, durcir. — πωρόω, durcir, pétrifier; πῶρος, πώρωσις, callosité, durillon. — μά, mais! μάν, μήν, certainement; μήν, mais; μέν, à la vérité. — μάρτυρ, μάρτυς, μάρτυρος, témoin; μαρτυρόω, témoigner; μαρτυρία, témoignage. — πείθω, se fier, confier; πιστεύω, croire; πίστις, croyance; πιστός, fidèle; πιστόω, prendre à foi; πίσυνος, qui se confie. — μύω, serrer, fermer; μυνδός, μύτης, μυττός, muet. — μύλη, μῶλος, môle d'un port.

L. *figere, pangere*, fixer; *fixus*, fixe; *fibula*, agrafe; *pactum*, pacte (§ X), *paxillus*, petit pieu; *pegma*, machine composée; *pessulus*, cheville; *pessum, pessarium*, pessaire; *compactus*, compacte; *spissus, pinguis*, épais; — *bacalarius*, bachelier; — *pectus*, poitrine; — *frigere*, se geler; *frigidus*, froid; *frigus, oris*, le froid; *pruina*, pruine; *boreas*, borée; *borealis*, boréal; — *fere, ferme*, presque; *firmus*, ferme; *firmare*, fermer; * *festum, dies festus*, fête; — *fidus, fidelis*, fidèle; *fidere*, se fier, *fides*, foi; *fretus*, qui se fie; — *pius*, pieux; *piare*, expier; *pietas*, piété; *piaculum*, sacrifice expiatoire; — *verus*, vrai; *veritas*, vérité; *verax*, sincère; — *martyr*, martyr; — *manna*, (suc épaissi), manne. —

F. fixe; fiche; fixer; ficher; fichu; m.; figer; baster; compacte; pagure; pacte; bail; bailler; bailli; — épais; épaissir; spissi-; pachy-; — bouchon; boucher; bouchot; bonde; bondon; bonder; pessaire; — bachelier; poitrine; poitrail; pectoral; pis; m.; brechet; buste; — froid; froidir; frais; fraîche; fraîcheur; frileux; frimas; frimaire; pruine; borée; m.; bise; boréal; — ferme; fermer; ferme, f.; fermier; firmament; ferler; — fête; feston; festin; fêtoyer; fétiche; — + féal; fidèle; fidélité; foi; se fier; fiancer; fiançailles; fiduciaire; confier; confiance, -fidence; — piété; expier; pieux; piaculaire; pitié; pitance; piteux; pitoyable; — vrai; véri-; vérité; vérace; véracité; — martyr; martyre; martyriser; — manne; amen! mais! mangue; pacane; pistache; pepin; pyrène; pépite; pépon.

§ XXVII. — B, ✝, *b*. BRAS.

BRAS, MEMBRE, EFFORT, ARME, TRAVAIL, INSTRUMENT.

F. *bras;* L. *brachium;* G. βραχίων; Sa. *bahus;* Chin. *pý* bras.

F. *peine;* L. *pœna;* G. πόνος, ποινή; Sa. *pana;* Chin. *pý, ping*, peine, fatigue.

G. βραχίων, bras; βραχιονιστήρ, bracelet; βάϊς, βάϊον, branche de palmier; πυγών, πῆχυς, coude; πηχύνω, prendre dans les bras. — πτόρθος, branche, rameau. — βραβεύς, brave, arbitre; βραβεύω, donner le prix du combat. — πένομαι, πενέω, πονέω, travailler; πόνος, πόνημα, peine, travail; πονηρός, misérable; πένης, πενιχρός, qui travaille, pauvre; πενέστης, domestique, manouvrier; πενία, besoin, pauvreté. — μόγος, μόχθος, peine; μόγις, μόλις, à peine; μογέω, fatiguer; μοχθέω, se peiner; μογερός, μοχθηρός, pénible; μόθος, travail; μόλος, μῶλος, travail, combat; μολορός, fâcheux; μωλέω, combattre. — ποινή, peine (§ XXXIX).

L. *brachium, branca*, bras; *membrum*, membre; — *probus*, qui sert, brave; *probitas*, prouesse; *proba*, épreuve; *probare*, prouver; *probabilis*, probable;— *mereri*, mériter; *meritum*, mérite;—*moliri*, travailler; *molestus*, incommode; *molestare*, molester; *molestia*, embarras;—*opus, opera*, œuvre; *operari*, opérer; *operatio*, ouvrage; *operarius*, ouvrier; *oportet, opus est*, il faut; *vix*, à peine; *fatigare*, fatiguer; *pigere*, se repentir; *piget me*, je me repens; *pœna*, peine; *pœnitere*, se repentir; *pœnitentia*, pénitence;

F. bras; brachio-, brachial; bracelet, berce, f.; bracon; braconner; braconnier; branche; branche-ursine; brancard; branchier; braques; brassard; brasse; brassée; — péchy-;— brave; braver; bravoure; bravade; preuve; épreuve; prou; preux; probe; probation; prouesse; probité; prouver; éprouver; probable; — membre; — mérite; mériter; — œuvre; ouvrage; ouvrier; opéra; opérer; opération; —peine; se peiner; pénible; pénitence; repentir; se repentir; — fatigue; fatiguer; — molester.

§ XXVIII. — LABOURER.

(Chin. *fou, py*, labourer; *fa*, labourer avec la houe; *po*, houe).

G. μάρρον, μάκελλα, μακέλη, σμῖνος, σμινύη, houe, hoyau; — πόλος, terre labourée; — φαρόω, ἀφαρόω, labourer; φάρος, labourage; φάρυμος, φάρυνος, hardi.

L. *marra, vanga*, houe; * *ploum*, (Angl. *plow*) charrue, charrette.

F. marre; baterse.

§ XXIX. B, ↓, 7. FAIRE.

PRÉPARER, COMMENCER.

F. *préparer*; L. *parare*; G. πορίζω; Sa. *par*; Chin. *pou*, préparer; *fou*, apprêter.

G. πρό, avant, devant; προσώ, devant soi, par devant; πρότερος, prieur; πρῶτος, premier; πρύτανις, préteur, magistrat; πίρν, pré-; ῥῆον, avant, auparavant; πορίζω, préparer. — πυλάχη, principe, genre; παλαχῆθεν, πάλαι, autrefois; παλαιός, d'autrefois, antique; παλαιότης, ancienneté; παλαιοῦμαι, vieillir; παλαίωμα, παλαίωσις, vétusté.—πένομαι, apprêter, faire.—μήσασθαι, machiner, tramer; μήστωρ, conseiller, habile; μῆδος, dessein, soin; μηδοσύνη, conseil, pensée; μήδομαι, méditer, machiner.

L. *præ, pro*, pré-, pro-; *præsto*, ici; *præter*, devant; *parare*, préparer; *paratus*, prêt, préparé; *patrare*, faire; *perpetrare*, perpétrer; *prior, priscus, pristinus*, prieur; *primus*, premier; *princeps*, prince; *principium*, principe; *pridem*, il y a longtemps; *præbere*, fournir; *præhendere*, prendre; *præco*, crieur public; *prædicare*, proclamer; *præputium*, prépuce; *præsepe*, étable; *prætor*, préteur; *prosapia, proles*, race;—*fieri*, commencer à être, devenir; *fore*, être futur; — *prora*, proue.

F. pré-; prébende; préférer; pregnant; prélat; prélation; présence; présage; prestige; preste, presto; prestesse; prieur; priorité; premier; prémices; prime; primevère; primaire; primicier; primer; primeur, f.; primitif; primulacées; prince; princesse; principal; principe; printemps; préteur; prytane; pro-, profil; prohiber; prodige; prodigue; proto-; prote; proue; préparer; prépuce; perpétrer; pour; poursuivre; pourvoir; portraire; portrait; fur; — commencer; commencement.

§ XXX. — FAIRE, FORMER, FEINDRE, ART, IMAGE, IMITER.

F. *faire;* L. *facere;* G. ποιέω; Sa. *magh;* Chin. *py, fa,* faire.

G. ποιέω, faire; ποιητής, faiseur, poète; ποίημα, ποίησις, fait; ποιητικός, poétique. — πράσσω, πράττω, τρήσσω, agir, faire; πρᾶξις, action; πρᾶγμα, πρᾶγος, fait, chose; πρακτικός, pratique; πρακτός, qu'on peut faire; fait; πράκτωρ, qui fait, percepteur; πρακτήρ, commis; πρκτέος, qui doit être fait. — πλάσσω, former; πλάσμα, figure; πλαστικός, plastique; τὰ πλάστρα, pendeloques; πλάσις, formation; πλαστός, formé; πλαστήρ, πλαστής, celui qui forme; ἔμπλαστρον, emplâtre. — μορφή, forme; μορφάζω, faire des mines; μορφάω, -εύω, -όω, former; μορφύνω, orner. — μῆχος, μηχανή, μῆχαρ, machine, moyen; μηχανάω, machiner; μηχανάομαι, tâcher de faire; μηχανικός, mécanique.

L. *facere.* faire; *facessere,* faire souvent; *factum,* fait; *facilis,* facile; *fecialis, fetialis,* fécial; *faber,* ouvrier; *fabrica,* fabrique; *fabricare,* fabriquer; *fabricus, fabrilis,* d'artisan; *proficere,* faire des progrès; — *poema,* poème; *poëta,* poëte; *poeticus,* poétique; — *plasma,* fiction; *emplastrum,* emplâtre; — *forma,* forme; *formare,* former; — *fingere,* feindre; *fictio,* fiction; *figura,* figure; — *fungi,* fonctionner; *functio,* fonction; — *machina,* machine; *machinari,* machiner; *mechanicus,* mécanique; *mimus,* mime; *mima,* actrice; *momia,* momie, *imitari,* imiter; *imitatio,* imitation; *imago,* image; *imaginare,* représenter; *imaginari,* s'imaginer.

F. faire; fait; facile; faction; façon; facteur; fécial; factice; parfait; perfection; profit; profiter; -fiant; -fier; -fique; facture; faculté; faisances; — fabrique; fabricant; fabriquer; pragmatique; pratique; — feindre; feinte; fiction; figure; figulin; — fonction; fongible; — poème; poète; poésie; poétique; — plasme; plastique; plastron; plâtre; emplâtre; emplastique; — forme; frime; former; formule; fromage; morpho-; — machine; machiner; machiniste; mécanique; mine; mimique; momerie; momie; mumi-; imiter; imitation; imaginer; — même.

G. μῖμος, mime; μιμικός, mimique; μιμῶ, singe; μιμέομαι, imiter; μιμηλός, imité; μιμηλά, image, portrait.

§ XXXI. — FAMILLE, PROCRÉER, HOMME, FEMME, PEUPLE; PRODUIRE, ENFANT, FILS, FILLE; PORTER.

F. *père;* L. *pater;* G. πᾶ, πατήρ; Sa. *pitar;* Chin. *fòu, pày, po,* père.

F. *mère;* L. *mater;* G. μᾶ, μητήρ; S. *mâ, mâtar;* Égypt. *muth;* Chin. *mou,* mère.

G. φύω, faire naître, procréer; φυή, φύσις, nature, création; φύομαι, naître, germer; φῦμι, je suis; φυτός, semé; φυτόν, plante; φυτάς, plant, rejeton; φυτεύω, planter, semer; φυταλιά, jardin; φυός, germe, tige, fruit; φῦμα, ce qui naît, enflure; φύτρα, nature, génération; φύτωρ, φίτυς, qui engendre, père; φίτυ, germe; φιτύω, ύνω, engendrer. — πᾶ, πατήρ, πάπας, πάππας, père; πάππος, aïeul; πάτρα, patrie, famille; πατρίς, patrie; πατριά, descendance; πατερίζω, donner le nom de père; πατρικός, πάτριος, paternel; πάτρων, patron; πάτρως, oncle paternel. — πένθερός, beau-père; πενθερά, belle-mère. — μαιάς, aïeule; μάμμα, μαμμία, grand'mère; μάμμη, μάζος, μασθός, μαστός, μῆλον, mamelle; μᾶ, μαῖα, μήτηρ, mère; μητέριος, μητρῷος, maternel; μητρυιά, marâtre; μήτρως, oncle maternel; μήτρα, matrice, ventre; μεζέα, organes génitaux des bêtes; μαιεύω, μαιόομαι, être sage-femme; μαίωσις, office de sage-femme; μαιεύτρια, sage-femme. — πάνυσσα, nourrice. — πόσις, πόσιος, époux; πότνια, πλάτις, épouse; πάός, πηός, παώτης, parent; πηοσύνη, parenté; — παῖς, βρέφος, enfant; παιδιά, enfance; παιδίον, petit enfant; παιδνός, enfant, jeune homme; παιδία, éducation; παιδεύω, enseigner, former; παιδοῦσα, enceinte, grosse; παίζω, jouer comme les enfants, badiner; παίγνιον, jouet d'enfant; παιδιά, παῖγμα, jeu; παικτής, joueur. — πάλλαξ, μέλλαξ, μεῖραξ, jeune homme; φελγύνω, folâtrer, badiner; πάλλαξ, παλλακή, concubine; βάβαλον, parties honteuses; πάρθενος, vierge; παρθενών, appartement des jeunes filles. — μάμμος, μανᾶς, μανῆς, esclave, valet; μνοία, esclavage; μοθαξ, μόθων, esclave né chez son maître; μοθωνία, insolence. — φρατήρ, confrère; φράτρα, φύλη, φῦλον, tribu; φυλάζω, distribuer. — πόρω, πορσαίνω, πορσύνω, procréer, donner; πέρδιξ, perdrix. — φέρω, φορέω, φερτάζω, porter; φέρομαι, emporter, gagner; φέρμα, portée, ventrée; φερετός, supportable; φέρετρον, bière, cercueil; φέρον, ce qui arrive, destin; φέρτερος, φερέστερος, meilleur; φέριστος, φέρτιστος, φέρτατος, φερέστατος, le meilleur; φορά, port, action de porter; φοράς, fertile, femme grosse; φόριμος, fertile, utile; φορός, qui porte, prospère; φορεῖον, chaise à porteurs, litière; φορεύς, φόρταξ, portefaix; φορτικός, insolent; φόρετρον, transport; φόρημα, φορτός, fardeau; φορτίζω, φορτόω, charger. — βαστάζω, porter; βάσταγμα, fardeau.

L. *parere*, procréer; *parentes*, parents; *pater*, *papa*, père; *paternus*, paternel; *patria*, patrie; *pappus*, aïeul; *patronus*, patron; *partus*, parturition; *parta*, accouchée; *-parus*, -pare; *par*, paire, pareil; *feriæ*, jour libre; — *frater*, frère; *fraternus*, fraternel; — *familia*, famille; *famulus*, domestique; — *verna*, (esclave) né chez le maître; — *fuere*, *fio*, *fieri*, être fait, naître; *physicus*, physique, naturel; *fecundus*, fécond; *felix*, fertile, heureux; *fetus*, *fœtus*, fruit; *fenus*, *fœnus*, usure; *femina*, *fœmina*, femme; *fœnum*, foin; *fœniculum*, fenouil; — *procus*, époux; *parta*, *sponsa*, fiancée; *procari*, marier, *procax*, insolent; *maritus*, mari; *matrimonium*, mariage; — *mater*, mère; *maternus*, maternel; *matertera*, *amita*, tante; *matrona*, mère de famille; *mamma*, *mamilla*, mamelle; *matrix*, matrice; — *met*, *-pte*, *ipse*, même; — *pubes*, pudendum; *puber*, *pubes*, pubère; *pubeda*, *pubertas*, puberté; *pubere*, être pubère; *pubescere*, entrer en puberté; — *puer*, enfant; *filius*, fils; *filia*, fille; *puera*, petite fille; *puella*, jeune fille; *pellex*, concubine; *puerilis*, puéril; *pueritia*, enfance; *pullus*, petit, poulain; *pullare*, *pullulare*, pulluler; *perdix*, perdrix; — *ferre*, *portare*, *portitare*, *vehere*, porter; *-fer*, -fère; *portitor*, *vector*, porteur; *vectura*, *vehiculum*, voiture; *vectis*, levier; *vectigal*, péage; *vexillum*, drapeau, *ferax*, *fertilis*, fertile; *ferculum*, brancard; *feretrum*, bière; *forda*, vache pleine; *bajulus*, portefaix; — *porcus*, porc; *porcellus*, pourceau; *verres*, verrat; * *ferreolus*, jeune verrat; *babirussa*, babiroussa,

F. papa; père; pape; papiste; papelard; pope; parents; parrain; paternel; patron; patrociner; patrie; patrimoine; patriote; patrice; patriarque; parricide; -pare; part, m.; parturition; parage; — frai; frayer; fretin; fretiller; brehaigne; varenne; marmaille; — physique; physicien; physio-; phyto-; — famille; femme; féminin; femelle; fœti-; fécond; foin; faner; fenouil; féliciter; — époux; épouse; épouser; fiancée, mari; marier; mariage; bru; marionnette; — mère, marâtre; marraine, maternel; mamam, mamelle; pis; mamille; mammaire; mammule matrice; mandrin; matricule; matrone; même; — pubère; puberté; pubescent; — fils; filial; fille; filleul; mousse, m.; moutard; bambin; page; paillard; puéril; pucelle; puceau; pulluler; poulain; perdrix; valet, varlet; badin; badiner; pédant; — frère, fraternel; franc; franchise; franchir; affranchir; frayer; frais; frangipane; férie; flibustier; — -fère; fertile; fardeau; frêt; fréter; proférer; porter; bourgeon; bard; bayart; bière; bourde; (péri) phérie; -phore; voiture; — porc; porcher; pourceau; poursille; verrat; babiroussa.

§ XXXII. — B. †. 8. DONNER.

DONNER, RENDRE, PAYER, RÉCOMPENSER, RESTITUER, POUVOIR, PARDONNER, PERMETTRE, BON.

F. *payer*; L. *pendere*; G. πόρω, πεπαίρω; Russ. *platit'*; Chin. *pý*, donner.

G. † πόρω, πεπαίρω, donner; πόρισμα, proposition. — φόρος, tribut; βυκός, tributaire. — φερνή, φέρνιξ, dote; φερνίζω, doter. — * μοῖτος, remercîment. — μισθός, * πάγα, paie, solde; μισθόω, louer; μίσθιος, μισθωτός, mercenaire. — πρᾶος, πραύς, clément, bon; πραύτης, πραότης, douceur, bonté; πραύνω, adoucir. — βέλτερος, βελτίων, meilleur; βέλτιστος, le meilleur; βελτιόω, améliorer.

L. *pendere*, *pensitare*, payer; *pensum*, tâche; — *pretium*, prix; *pretiosus*, précieux; *præmium*, récompense; — **feudum*, fief, cens; — *favor*, faveur; *favere*, favoriser; — *munus*, don; *munia*, devoirs; *munerare*, donner; *remunerare*, rémunérer; *munis*, tenu; *im-*

munis, libre; ***munire***, munir; ***munitio***, munition; ***municeps***, bourgeois; ***municipium***, ville; ***municipalis***, civil; — ***communis***, commun; ***communicare***, communiquer; — ***bonus***, + ***benus***, bon; ***bene***, bien; ***bona***, biens; ***bonitas***, bonté; ***benignus***, bénigne; ***melior***, meilleur; ***melius***, mieux; ***optimus***, le meilleur; ***optime***, le mieux; — ***beare***, rendre heureux; ***beatus***, heureux; — ***venia***, pardon; ***venerari***, vénérer; — ***mutuus***, mutuel; ***mutuum***, prêt; ***mutuo dare***, prêter; ***mutuare***, ***mutuari***, emprunter.

F. paie; paye; payer; péage; péager; — bavois; fief; fieffer; féodal; feudataire; féage; vassal; vavasseur; — faveur; favorable; favoriser; — prêt; prêter; emprunter; — prix; priser; mépris; mépriser; précieux; apprécier; — merci; remercier; mercenaire; — véniel; vénérer; — bon; bonté; bonheur; bien; bénigne; béat; bonasse; boni; bénir; bénit; benoite; meilleur; mieux; — munir; munition; rémunérer; municipe; municipal; commun; communiquer.

§ XXXIII. — OFFRIR, VENDRE, FOIRE, PRÊTER, SACRIFICE, AMORCE.

F. *vendre*, L. *vendere*; G. πωλέω; Isl. *fala*; Chin. *may*, vendre; *pey*, offrir.

G. περνάω, περνάσκω, πέρνημι, πράω, πιπράσκω, πωλέω, vendre; πρᾶσις, πωλή, πώλησις, vente; πράσιμος, venal; πράτης, πρατήρ, πώλης, vendeur. — φόρον, φόρος, marché; φόριον, marchandise.

L. ***venco***, ***venire***, être vendu; ***venum dare***, ***vendere***, vendre; ***venalis***, vénal; ***venditio***, vente; ***venditor***, vendeur; ***mango***, maquignon; — ***forum***, ***mercatus***, marché; ***merx***, marchandise; ***mercari***, trafiquer; ***mercator***, marchand; ***merces***, ***-cedis***, paie, salaire; ***commercium***, commerce; ***Mercurius***, Mercure; ***mercenarius***, mercenaire.

F. vendre; vendition, vente; vénal; — maquereau; maquignon; — for; foire; bazar; marché; marchand; marchandise; marchander; mercier; mercantil; commerce; Mercure; — blaquet; — brocante; brocanter.

§ XXXIV. — DISTRIBUER, DISPOSER, ARRANGER, LOI, RÈGLE, ORDRE, RÈGNE, ROI, DIEU.

G.

L. ***Parcæ***, Parques; — ***mandare***, mander; ***mandatum***, mandement; ***commendare***, recommander.

F. Parques; — mander; mandat; mandement; commander; recommander; mandarin.

§ XXXV. — B. ↓. 9. BATTRE.

BATTRE, POULS, ATTAQUER, COMBATTRE, VAINCRE.

F. ***battre***; L. ***batuere***; G. παίω, πάσσω; Sa. ***badh***; Chin. *peou*, battre.

G. παίω, πάζω, πάσσω, πατέω, πατάσσω, μαστίω, μιστυλλω, battre; πάλη, lutte; πάλαισμα, πάλαιστρα, παλαίω, lutter. — μώλωψ, marques des coups. — μάρναμαι, μάχομαι, combattre; μάχη, combat; μάχιμος, querelleur; μαχάω, vouloir combattre. — πόλεμος, combat, guerre; πολεμέω, faire la guerre; πολέμιος, ennemi.

L. ***batuere***, ***pettere***, ***pulsare***, ***plaudere***, ***pultare***, ***plodere***, battre; ***pulsus***, pouls; * ***palæstra***, lutte; ***bellum***, guerre; ***bellicus***, ***-cosus***, belliqueux; ***bellare***, faire la guerre; ***Bellona***, Bellone; ***Mars***, Mars, guerre; ***miles***, soldat; ***militaris***, militaire; ***militia***, milice; ***militare***, militer; ***batillus***, ***fistuca***, batte; ***vapulare***, être battu; — ***petere***, buter à; ***petitio***, pétition; ***perpetuus***, perpé- tuel; ***petulans***, querelleur; ***petulantia***, pétulance; ***petulcus***, qui frappe; — ***vincere***, vaincre; ***victor***, vainqueur; ***victoria***, victoire; ***victima***, victime; ***provincia***, province.

F. battre; battement; débattre; débat, combat; batterie; batte; battoir; + batel; bataille; batador; abattre; faide; —bluter; bocard; poquer; buquer; boxer; buquet; boxeur; palestre; —pouls; pulsation; — but; buter à; — pétition ; perpétuel; pétulant, pétulance; — vaincre, vainqueur; victoire; victime; province; — polémique; vayvode; belliqueux; Bellone; martial; milice; militer; militaire; — bourlinguer.

§ XXXVI. — FRAPPER, FORGER, FOULER, POUSSER, MONNAIE.

F. *frapper*; L. *ferire, verberare*; G. πλήσσω; Sa. *bharv*; Chin. *py, pou*, frapper.

F. *pousser*; L. *pellere, pulsare*; G. παίω, πταίω; Sa. *pil*; Chin. *pang*, pousser.

G. πλήσσω, παλάσσω, battre, heurter, blesser; πλάτη, coup; πληκτίζομαι, se battre; πλῆκτρον, fléau, battoir; πλήγη, -plégie; πλήξ, aiguillon; πλῆξις, πέξις, frappement; πληκτήρ, ergot, éperon; πλάστιγξ, fouet. — παίω, πταίω, πτίσσω, pousser. — σμύχω, abattre, détruire; σμυγερός, accablé de maux, misérable; σμώδιξ, -διγξ, tumeur livide produite par un coup violent. — βάλλω, βολέω, jeter, lancer, frapper. — βλεῖς, βλητός, frapper; βλητικός, exposé aux coups; βολή, trait, coup; βόλος, coup de filet. — μάστιξ, fouet; μαστίζω, μαστιγόω, fouetter. — σφῦρα, marteau. — φόλλις, obole, monnaie. — σφαδάζω, frapper la terre du pied.

L. *ferire, fligere, petere, verberare*, frapper; *flagrum, flagellum, ferula, verber*, fléau; *petulcus*, qui frappe; — *plangere*, v. a., battre, frapper; *plectrum*, archet; — *fullo*, foulon; — *malleus*, maillet; *marcus*, marteau; *marcellus, marculus, martulus*, martelet; *mastix*, fouet; — *pinsere, pisere, pisare*, piler; *pistillum, pilum*, pilon; *pila*, grand mortier; — *patagus*, maladie qui frappe; *patagium*, ornement de clous; — *sparus*, dard; poisson de mer; *spernere*, pousser, mépriser; — *moneta, pecunia, bractea*, monnaie; — *frivolus*, frivole.

F. frapper; friper; friperie; fripier; frivole; farfadet; forger ;forge; forgeron, férir; féru; férule; — marteau; martelet; marteler; merlin; mail; maillet; malléole; malléable; — baïoque; bajoire; batz; pite; monnaie; monétaire; pécuniaire; pécunieux; bouvard; bouard; bouerbigne; baudruche; — fouet; fouetter; fléau; flagelli-; flageller; -plégie; plectrum, verbération; — fouler; foulerie; foulon; — brie; brier; bricole; bricoler; brocard; bosseler; pousser; bousquer; peautre. — pisé; ptisane; pistil; piston.

§ XXXVII. — HEURTER, PÉRIL.

F. *péril*; L. *periculum*; G. πεῖρα; Suéd. *fara*, Chin. *pey*, danger.

G. πεῖρα, péril; πειράω, πειράζω, heurter, tenter; πειρά, pointe, tranchant; πειράτης, pirate; πέρκη, περκίς, perche, bars. — πταίω, heurter contre, faillir. — πῆμα, dommage; πημαίνω, heurter, blesser; πήμων, nuisible. — πτύρω, effrayer.

L. *ferire*, heurter; *periculum*, péril; *periculosus*, périlleux; *periclitari*, tenter; *pirata*, pirate; *perca*, bars.

F. péril; périlleux; péricliter; pirate; bars, perche; bodian; — frayeur, effroi; effrayer; effroyable.

§ XXXVIII. — PIQUER, BRODER, COUDRE, FORER, PERCER, ÉPÉE, AIGUILLE, AIGUILLON.

F. *piquer, poindre*; L. *pungere*; G. πημαίνω; Russe, *pinat'*; Chin. *pien*, piquer.

F. *forer*; L. *forare*; G. πείρω; Isl. *bora*; Héb. *bur*; Ar. *baara, faura*, forer.

G. πείρω, forer; πειρά, περόνη, μέλιγδος, foret; πορος, pore; πόρνη, prostituée; πορνεύω, se prostituer; — πτυάς, aspic dangereux; — φρυγίων, brodeur; — μήλη, sonde; μηλόω, sonder; — μυῖα, mouche; σφάξ, σφήξ, πεμφρηδών, guêpe; — σπόγγος, σπογγία, σφόγγος, éponge; — βολίς, javelot, flèche; βέλος, βέλεμνον, πάλτον, dard, trait; βέλενος, -ννος, poisson semblable à une flèche;

βελενίτης, cristal pointu; βελόνη, aiguille; — πλήξ, aiguillon; πλήσσω, frapper; — σφαλάσσω, piquer, irriter; ψύλλα, ψύλλος, puce, puceron; ψύλλιον, herbe aux puces.

L. *pungere*, poindre; *piget me*, je me repens; *pulex*, puce; *pugio*, poignard; *spica*, épi; *spiculum*, *quiris*, javelot, dard; *mucro*, pointe, épée; — *veru*, broche; *veretrum*, verge; *framea*, framée; *forare*, forer; *foris*, *foramen*, trou; *fores*, *porta*, porte; *portus*, port; *porus*, pore; *forus*, *porca*, sillon; *per*, par; *perjurare*, *pejerare*, se parjurer; *perire*, périr; *polluere*, polluer; *pellicere*, séduire; *pellax*, trompeur; *pellacia*, tromperie; — *spongia*, éponge; *fungus*, champignon; *pumex*, pierre ponce; *pumicare*, poncer; — *mucro*, pointe; *musca*, mouche; *fucus*, *vespa*, *bembex*, guêpe; — *spina*, *vepres*, épine.

F. épi; épée; piquer; picoter; pique; piquier; piquet; pivot; piton; spic; spiculaire; aspic; bochir; vouge; bogue (Bot.); musci-; myo-; mosquite, moustique; mouche; moucheron; moucheter; mucrone; maringouin; — poindre; pointe; ptine; putain; poinçon; poignant; poignard; point; pourpoint; ponctuer; ponction; poncer; poncis; pongitif; ponere; ponte, m.; — puce; pulicaire; — broder; brédir; bréher; broche; brocher; brochet; brochure; broquart; broquer; broquette; brusc; — forer; perforer; foraminé; foret; burin; brequin; vilebrequin; vrille; bure; byrrhe; borin; — per; pellucide; polluer; par; parjure; percer; pertuisane; perdre; perte; perdition; périr; pérorer; pertus; framée; — port; porte; — éponge; pierre ponce; poncer; — guêpe; bembèce; sphex; sphégides; frelon; — flèche; — épine; spinal; spinelle, f. spinescent; — verdillon; verrou; verrouiller; veruculé.

§ XXXIX. — PUNIR, VENGER, SE REPENTIR.

F. *punir*; L. *punire*; G. ποινάω, Isl. *pina*; Chin. *py*, punir.

G. ποινή, peine; ποινάω, ποινάζω, punir.

L. *pœna*, peine; *punire*, punir; *pœnitet me*, je m'en repens; *pœnitentia*, pénitence; — *mulcare*, battre, châtier; *mulcta*, *multa*, châtiment; *mulctare*, mulcter; — *vindicare*, venger; *vindicta*, vengeance.

F. peine; punir; pénal; pénaud; pénible; pénitence; repentir; — mulcter; — venger; vengeance; vengeur; vengeresse; vindicte; vindicatif.

§ XL. — B, , 10, a. BLESSER.

BLESSER, GRATTER, INJURIER, CRUEL, RASER, TONDRE, RONGER, MORDRE, DENT.

F. *blesser*; L. *vulnerare*; G. παίω, πλήσσω; Sa. *vut*, blesser; Chin. *pa*, gratter.

F. *vexer*; L. *vexare*; Isl. *qvelia*; Gael. *buair*; Chin. *van*, *pien*, vexer.

G. παίω, gratter, blesser; πῆμα, mal, dommage; πημαίνω, faire du mal, nuire; πήμων, nuisible; — πωρέω, affliger; πώρη, πωρητύς, πῶρος, affliction, deuil; — μέμφομαι, inculper, reprocher; μομφή, reproche; — μεγαίρω, envier; μέγαρσις, envie, haine; μισεω, haïr; μῖσος, haine; — μοθεύω, détester, calomnier; — μῶμος, blâme; μωμάομαι, blâmer; — βλασφημία, blasphème; βλασφημέω, blasphémer; — ψέγω, ψογέω, ψιαίνω, blâmer; ψέγος, ψόγος, blâme; ψέγιος, ψογερός, ψεκτός, blâmable; ψο, fi! — φθέω, φθείρω, ψείρω, corrompre, gâter; φθαρτός, corrompu; φθορά, φθόρος, corruption, vol, ruine; φθείρ, pou, vermine; βόμβυξ, ver à soie; — μῦς, rat, souris; μυωτός, fait de peaux de rats; σμίνθος, rat; — μασάομαι, μαστάζω, μηνύω, μνίω, μοιμύλλω, manger, mâcher; μασταρύζω, mâchonner; μαστίχη, mastic; μασητήρ, masséter, muscle de la mâchoire; μηρυκάζω, -ίζω, ruminer; μαθυία, μύσταξ, φαγών, mâchoire; μύλος, mâchoire, dent molaire; — φαγεῖν, φήγω, manger; φαγηλός, mangeable; φάγιλος, agneau bon à manger; φάγαινα, φαγέδαινα, faim canine; φάγημα, aliment; φάγος, grand mangeur; φάγρος, poisson vorace (du Nil); — φλάω, dévorer; — πάω, πάομαι, πάσσομαι, πατέομαι, paître, manger; πάτνη, φάτνη, mangeoire; — βρῶμι, βίβρωμι, βρώσκω, βιβρώσκω, βεβρώθω, brouter, paître, manger; βρῶμα, βρώμη, βρῶσις, βρῶτον, nourriture; βρωματίζω, nourrir; βρωστήρ, βρωτήρ, mangeur, dent; βρωμάομαι, βρωσείω, avoir faim; — ποιμήν, berger; ποιμαίνω, faire paître; ποίμνη, troupeau de brebis; — ψίζω, manger à petites bouchées. — φῆρος, nourriture des dieux; — βλωμός, bouchée, morceau de pain; — βόσκω, βοτέω, φέρβω, faire paître, nourrir; βόσις, βοτός, βοσκή, βορά, φορβεία, φορβή, fourrage, pâture; βοτάμια, pâturages; φορβάς, nourricier, fécond; βοτόν, bétail; βορός, vorace; βοσκός, βοτήρ, βότης, berger; βότειρα, bergère; — ἀμύσσω, gratter, blesser; ἄμυγμα, μύγμα, déchirure; μυκός, méchant; μῦκος, scélérat, impur; — πλήσσω, blesser; πληγή, dor, πλαγά, plaie.

L. ***plaga,*** plaie; ***volnus, vulnus,*** blessure; ***vulnerare,*** blesser; — ***vexare,*** vexer; — ***cavillari,*** railler; — ***mus,*** souris; ***mustela,*** belette; ***martes,*** martre; ***mordere,*** mordre; ***mordax,*** mordant; — ***viverra,*** furet; — ***proboscis,*** museau; — ***pasci,*** paître; ***pascere,*** faire paître; ***pastus, pabulum,*** pâture; ***pascuum,*** pâturage; ***pastor,*** pâtre; — ***blatta,*** blatte, mite; — ***vesci,*** manger; ***vescus,*** mangeable; ***victus,*** nourriture; ***vivere,*** se nourrir, vivre; ***vivus, vividus,*** vif; ***vivax,*** vivace; ***vita,*** vie; ***vitalis,*** vital; — ***vorare,*** dévorer; ***vorax,*** vorace; ***vermis,*** ver; — ***bombyx,*** ver à soie; — ***mandere, manducare, masticare,*** mâcher; ***maxilla, mandibulum,*** mâchoire; ***mentum,*** menton; — ***masseter,*** masséter; ***mastice,*** mastic; — ***palatum,*** palais; — ***popa,*** glouton; ***popina,*** cabaret.

F. plaie; blesser; blessure; vulnéraire; — méchant; méchanceté; — vexer; — blâme; blâmer; blasphème; blasphémer; — ver; véreux; vermi-; vermeil; vermillon; vérotis; vermilie; vermiller; vermouler; vermine; bombice, -yce; barrutine; phthirio-; bruche; brouter; bretèche; frèze; friand; friandise; fringale; fricot; vorace-; vore; dévorer; — mordre; mordant; mordicant; mordacité; morsure; mors; morgeline; — -phage; pignocher; — pacage; paître; pâtre; pasteur; paisson; pastoral; pâtis; pâture; — mite; morpion; blatte; pou; pouacre; pouiller; pouilleux; psylle; — boitte; maïs; mandibule; manducation; manger; mâcher; mâchoire; macaron,-roni; marron; masséter; mastic; maxillaire; menton; mylo-; — myo-; marmotte; mustélins; marte, martre; mulot; furet; fureter; belette; — berger; bercail.

§ XLI. — ÉCORCE, GALE.

G. πέλλα, φλόος, φλοιός, peau, écorce; φλοίω, φλοίζω, écorcer, peler; φελλός, écorce, liége; φελλεύω, surnager comme le liége; φιλύρα, peau de tilleul, tilleul; βίβλος, aubier, livre; βιβλίς, corde de papyrus; βιβλίον, petit livre; πάπυρος, papyrus; — βόστρυξ, βόστρυχος, bostriche, ver d'écorce; — μακέρ, macir, écorce rouge; — φηγός, fouteau; φηγών, foutelaie: — φίναξ, chêne; πρῖνος, yeuse, chêne vert; βάλανος, gland; — μιστύλη, croûte, cuillère faite de pain; — ψώρα, grattelle, gale; ψωρός, galeux.

L. ***fagus,*** fouteau; ***betula,*** bouleau; ***philyra,-ura,*** tilleul, peau de tilleul; ***macir,*** écorce rouge; ***quercus,*** chêne; — ***biblia,*** bible; ***papyrus,*** papyrus, papier; — ***petigo, porrigo, prurigo, psora,*** gale, dartre; ***prurire,*** démanger; ***pruritus,*** prurit; — ***festuca,*** fétu; ***festucaria,*** festucaire; — ***squarra,*** croûte; ***squarrosus,*** raboteux.

F. fau, feau, fouteau, foyard; bouleau; boulaie, bouleraie; bétulacées; macir; macis; bostriche; — querci-; phello-; balane; velanède; balassor; — papyrus; papier; bible; — porrigo; prurigo; psore; — fétu; festucaire; — brou.

§ XLII. — DÉCHIRER, HAILLON, DRAPEAU.

G. σπαράσσω, déchirer; σπάργανον, haillon, lange; σπάργω, σπαργανάω, emmailloter; — πέταλον, φύλλον, feuille; — μύγμα, déchirure.

L. ***folium,*** feuille; ***pampinus,*** pampre.

F. bractée; feuille; folié; foliacé; folio; foliole; pampe; pampre; pétale; phyllo-.

§ XLIII. — B. ↓. 10, b. ÉCRIRE.

GRAVER, SCULPTER, DESSINER, ÉCRIRE, LETTRE, LIVRE.

F. pataraffe; G. *πιττάκιον*; Angl. writ; Russ. pisanie; Chin. *pou*, écriture.

G. *πιττάκιον*, table à écrire.

L.

F. pataraffe; bouquin; véda.

§ XLIV. — B. ↓. 10, c. FROTTER.

FROTTER, BROYER, BALAYER, NETTOYER, PURGER, ESSUYER, LIMER, RACLER, HERSE, CHARRUE.

F. *frotter, frayer*; L. *friare, fricare*; G. ψάω, ψαίρω; Sa. *pu*; Chin. *fo*, frotter.

G. φοῖβος, pur, clair; φοιβάω, -άζω, -όω, purger, repasser; — φιαρός, pur; φιαρόω, φιαρύνω, purger; φορυτός, balayures; — φάνιον, lieu des balayures; — σμάω, σμήχω, nettoyer, déterger; σμῆξις, σμῆγμα, frottement; — ψάω, ψαίω, ψαίρω, ψύω, ψώω, essuyer, frotter; — ψαιδρός, uni, poli; ψαιστός, ψαδαρός, friable; ψάμματα, lambeaux, — ψήχω, essuyer, râcler, raser; ψηκτός, ψηστός, essuyé, raclé; ψῆξις, action d'essuyer; ψῆγμα, rognure, raclure; ψήκτρα, racloir; — ψηνίζω, racler, polir; ψηνός, ψανός, ψεδνός, chauve, pelé; ψεδνόω, rendre chauve; ψήν, moucheron qui pique les figues; — ψώχω, frotter, polir; ψώκτης, marbrier; — ψώχω, ψίω, broyer, briser; ψῶχος, terre sablonneuse; — ψιλός, mince, rare, nu; ψιλή, terre nue, tapis ras; ψιλίζω, ψιλόω, ψολόω, mettre à nu, dégarnir, épiler; ψήληξ, coq sans crète; — ψολόω, limer; — πέρ, quoique.

L. *friare, fricare*, frotter; *friabilis*, friable; *frictio*, friction; *fricium*, poudre aux dents, — *februare*, nettoyer; *februarius*, fèvrier; — *verrere*, balayer; *verres*, balai; *veratrum*, varaire; — *purus, putus, merus*, pur; *puritas*, pureté; *purgare*, purger; — *verus*, vrai; *veritas*, vérité; *verax*, sincère; — *pius*, pieux; *pietas*, piété; *piacutum*, sacrifice expiatoire; *expiare*, expier; — *mundus, a, um*, pur; *mundare*, monder; *mundus*, monde; *marmor*; marbre.

F. frotter; frayer; friable; friction; fruste; fourbir; froisser; frôler; février; — parer; paroir, parure; — balai; balayer; varaire; vérâtre; — faubert; fauberter; — broyer; broye, broie; broyon; — psoque; — psilo-; — vrai; véri-; vérité; véracité; — pur, mère; pureté; purger, purifier; — monde, adj.; monder; — pieux; piété; expier; — vergette; vergeter; — marbre; marbrier.

§ XLV. — B, ↓. 10, d. CHAT.

CHAT, TIGRE, ONGLE, GRIFFE, AGRAFE; FAUCON, FAUX.

G. πάρδος, léopard; πάρδαλις, panthère; φίβλα, πόρπη, πόρπαξ, agrafe; φιβλόομαι, πορπάω, πορπάζω, agrafer; — πέρνης, μερμνός, μόρφνος, faucon, sacre; φήνη, φίνις, aigle, orfraie; πλάγγος, aigle; πληγύς, ἀμή, faux.

L. *felis*, chat; *meles, melis*, chat sauvage; *vulpes*, renard; *pardus*, léopard; *pardalis, panther*, panthère; *fibula*, agrafe; — *parra*, corneille; *pica*, pie; *picus, picumnus*, pic, pivert; *buteo, butio*, buse; *vultur*, vautour; *falco*, faucon; *falx*, faux, faucille; *falcatus*, falqué; *milvus*, milan.

F. félin; minet, minon; margay; léopard; panthère; — busc; buson; busard; balbusard; brubru; pic; pivert; pie; vanga; vautour; vulturides; faucon, + faulcon; faux; faucille; faucillon; faucher; falci-; falqué; falquer; falconelle; milan.

§ XLVI. — B. ✝. 10, e. COURBER.

COURBER, PLIER, ARC, JOUG, VOUTE, ROND, BALLE, CERCLE, ENCLORE.

F. ***plier***; L. ***plicare***; G. *πλέκω*; Sa. ***bhuj***; Chin. ***fou***, courber; ***py***, se plier.

G. *βιός*, arc; — *βλαισός*, courbé, boiteux; *βλαισότης*, distorsion; *βλαισόω*, cambrer en dehors; *βλεσός*, *βλεσσός*, courbé, bègue; — *μάλη*, *μασχάλη*, *μασχαλίς*, aisselle; *μασχαλίζω*, porter sous l'aisselle; *μυλλός*, courbé, louche; *μυλλάς*, prostituée; — *ψαλίς*, voûte, arcade; *ψαλιστός*, arqué, voûté; — *παλάθη*, cabas de figues; *πλέκω*, plier; *πλέκος*, *πλοκή*, tresse; *πλόκος*, *πλόκαμος*, boucle; *πλοχμός*, *βόστρυχος*, *βόστρυξ*, cheveux bouclés; *πλέκος*, *πλαγγών*, *σπυρίς*, *φερνίον*, corbeille d'osier; *πλόκαμον*, natte; *πλοκερός*, natté; *πλέγμα*, tissu entrelacé, corbeille; — *φορμός*, corbeille, natte; *φορμίον*, *φορμίδιον*, petit panier; — *περί*, autour; *περιαγή*, courbure, arc; *πεῖρινς*, natte, claie; *πόρκος*, panier rond; *πόρκης*, anneau de fer, bord; *φαρκίς*, ride; *φαρκιδόομαι*, rider le front; *σπεῖρα*, *σπείρα*, repli tortueux; *σπειράω*, former des lignes spirales; *σφαῖρα*, sphère; — *σπέλιον*, *σπέλλιον*, *ψέλιον*, *ψέλλιον*, anneau, bracelet, collier; *ψελιόω*, mettre au cou; *σπλάγχνον*, *παστήρια*, entrailles; *σπλαγχνίς*, cœur; — *φλιδόνες*, plis des habits froissés; *πτύσσω*, plier, trousser; *πτυκτός*, *πυκτός*, plié, replié; *πτύξ*, *πτύγμα*, pli, plissure; *πτύχη*, *πτυχίς*, pli du vaisseau (où son nom est écrit); — *μῆλον*, pomme; *μηλέα*, *μηλίς*, *μαλίς*, pommier; *μηλίζω*, avoir la couleur d'une pomme; *πάλλα*, balle, paume à jouer; — *βράβυλον*, *προῦνον*, prune; *προύνη*, prunier; *μάργαρος*, *-ρον*, *μαργαρίτης*, perle; *βέρβερι*, coquille à perles; — *πέπων*, melon; *βουβών*, bubon, tumeur; — *ποῦς*, corde; *πεῖσα*, *πεῖσμα*, cable, amarre; *φορυτός*, corde de jonc; *μέρμις*, corde, ficelle; *σπίλα*, cordes de boyau; *σφίδη*, corde à boyau; *παστάς*, portique; — *πυτίνη*, bouteille en enveloppe d'osier; — *βυκάνη*, trompette; *βουκινίζω*, sonner de la trompette; *παράδεισος*, paradis, parc.

L. ***varus, varicus, valgus***, courbé; ***varix***, varice; ***fornix***, voûte; ***fornicari***, forniquer, * ***variola***, vérole; — ***plicare, plectere, flectere, pandare***, plier; ***pandus***, courbé; ***plica***, pli; ***plexus***, tresse; ***perplexus***, perplexe; ***-plex, -plus***, -ple; ***poples***, jarret; ***floccus***, flocon; ***pantex***, panse; ***matta***, natte; — ***botellus, botulus***, boyau; ***viscus***, intestin; ***viscera***, entrailles; ***venter***, ventre; ***ventriculus***, estomac; — ***spinter***, bracelet; ***fiscus, qualus***, panier; ***fusus***, fuseau; ***funis***, corde; ***funiculus***, funicule; ***papula***, papule; ***papilla***, papille; ***bubon***, bubon; ***benna***, banne; — ***bulbus***, bulbe; ***bulla***, boule; ***pila***, balle; ***pilula***, pilule; ***mola***, meule de moulin; ***malum, pomum***, pomme; ***malus***, f., pommier; ***melo, pepo***, melon; ***margarita***, perle; ***bacca***, baie; ***bacchari***, vendanger; ***prunum***, prune; ***prunus***, prunier; ***sphæra***, sphère; — ***spira***, entortillement; ***spartum***, sparte; ***sporta, sportula***, corbeille; — ***vertere, verruncare***, tourner; ***versus***, vers; ***versutus***, qui tourne; ***perversus***, pervers; ***pervertere***, pervertir; ***vertex, vortex***, tournant; ***vertigo***, vertige; — ***pronus***, courbé en devant; — ***paradisus***, parc.

F. virer; virole; vis; visser; viscère; spire; spiral; vérin; vers, m.; vers, prp.; versatile; version; vertèbre; -vertir; pervers; pervertir; vertical; verticille; vorticelle; vertige; vertiqueux; varice; variole, vérole; — pli; plier; plioir; plisser; ployer; pleyon; pleige; pleiger; -ple; -pléco; plexus; perplèxe; plique; plicatule; souple; assouplir; boulieche; boulejon; flocon; poplité; plaid; billet; bulletin; fléchir; flexion; se blottir; fauder; fauteuil; — voûte; voussure; voûter; bonard; palais; palati-, palato-; palatal; varangue; forniquer; pronation; — bellère; bague; bâte; badelaire; boucle; maille; vervelle; morne; frette; fretter; — péri-; période; verveux; matte; materas; matelas; manne; mannequin; banne; panier; banse; benate; benastre; bire; bouragne, bouraque; bastude; baderne; brège; bréguin; brougnée; sportule; bourriche; bourrée; bourrier; — ventre; ventricule; panse; piffre; bedaine; bedon; boyau; bosel; botelli-; boudin; breuilles; splanchno-; — funer; funin; funicule; palan; palanquin; bosse (corde); bosser; — bosse (nœud saillant); bossu; papille; papule; bube; bubon; bomber; bobine; buhot; fuseau; fusée; fusain; — béquille; becuant; potence; bancal; bancroche; panard; breveux; mousquet; mousquetaire; bouge; babut; — sphère; balle; ballon; ballot; ballotte; pelote; bilboquet; bille; billard; bulle; boule; boulée; boulet; bulletin; bulbe; pilule; mole; molécule; — baie; bacci-; baccien; bacchie; bacchique, bachique; Bacchus; — malique, mélo-; melon; pomme; pomi-; pommade; pommelé; — marguerite; perle; prune; prunelle; — fraise; fraiser, friser; frisotter; fressure; — pars; parquet; parquer; paradis; bostangé.

§ XLVII. — TROMPER, FRUSTRER.

F. *pécher;* L. *peccare;* G. φηλέω; Sa. *sphal;* Chin. *fóu, pien,* tromper.

F. *mentir;* L. *mentiri;* G, ψεύδω, φευστέω; Chin. *mông, moên,* mentir.

G. μάγγανον, illusion, vénéfice; μαγεία, magie; μαγικός, magique; μαγεύω, exercer la magie; — μοιχός, adultère; — μύσος, crime détestable; μυσάζω, souiller; μυσαρός, abominable; μυσάττομαι, détester; φηλέω, φηλόω, φαινακίζω, φενακίζω, tromper; φενάκη, fraude, perruque; φέναξ, trompeur, fourbe; — ψεύδω, tromper, frustrer; ψεῦδος, ψεύσις, ψύδος, ψύθος, mensonge; ψυδρός, menteur, faux; ψεύστης, menteur; ψεύδομαι, ψύθω, ψευστέω, mentir; ψυθών, calomniateur.

L. *magus,* magicien; *maga,* magicienne; *magia, magice,* magie; — * *felo*, félon; *fallere,* tromper; *fallax,* fallacieux; *fallacia,* fallace; *falsus,* faux; — *fraus,* fraude; *fraudulentus,* frauduleux, *frustra,* envain; *frustari,* tromper; — *menda,* faute, *mendosus,* fautif; — *mœchus,* adultère; — *peccare,* pécher; *peccatum,* péché; — *vitium*, vice; *vitiosus,* vitieux; *vitiare,* vicier; *balatro,* bélitre; — *mentiri,* mentir; *mendax,* menteur; *mendacium,* mensonge.

F. magie; magique; magicien, -ne; — félon; félonie; fallace; faillir; falloir; faux; falsi-; fausser; fausseté; faute; défaut; — fraude; frauduleux; frustrer; fourbe; fripon; maraud; — bélitre; — baraterie; baratter; — péché; pécher; peccant; peccable; peccadille; — mentir, menteur; mensonge; pseudo-; — vice; vicieux; vicier.

§ XLVIII. — MANQUER.

F. *manquer;* G. φενακίζω; Angl. *want;* Sa. *bhiks;* Chin. *fa,* manquer.

G. πεῖνα, faim; πεινάω, -έω, -ημι, avoir faim; πεινητικός, famélique; — σπάνη, σπανία, manque, rareté; σπανίζω, être rare; σπάνιος, σπανός, σπαρνός, rare.

L. *fames,* faim; *famelicus,* affamé; — *penus, penum,* provision de bouche.

F. mé-, més-; médire; manque; manquer; — faim, famélique; affamé; famine.

§ XLIX. — B, 10, f. COUPER.

COUPER EN DEUX, FENDRE, FÊLER, BÊTE, FOURCHE, TROU, PORTE.

F. *fendre;* L. *findere;* G. φάρω, φάζω; Sa. *bhid;* Chin. *po, pong,* fendre.

F. *bœuf;* L. *bos;* G. (πῶϋ, bétail; Sa. *paçus,* bête); Chin. *py,* bœuf.

G. φάρω, φάζω, fendre; φάραγξ, fente; φάρυγξ, gorge; σφήν, coin pour fendre; πείρω, percer, traverser; — ψαλίς, ciseaux; ψωλός, tison; ψωλός, circoncis; ψωλή, gland découvert, verge; — πύλη, porte d'une ville; πυλαρός, portier; πυλόω, fermer avec des portes; πυλών, portail; — μέσος, μέσατος, mitoyen, moyen; μέσον, milieu; μεσίτης, médiateur; μεσιτεύω, intercéder; μεσιτεία, médiation; μεσήεις, médiocre; μεσεύω, μεσόω, être au milieu; — μυελός, moelle; μήτρα, moelle des arbres; — βόθρος, trou, fosse, puits; βοθρίζω, jeter dans la fosse; — πῶϋ, bétail; πόρταξ, μόσχος, veau; πορτάζω, véler; μοσχίας, petit veau, levrault; μοσχέα, peau de veau. — μόσχος, μοσχίδιον, rejeton, bouture; μοσχεύω, planter de bouture; — βοῦς, bœuf, vache; βόαξ, βόηξ, βῶξ, bœuf marin (poiss.); βοίδιον, βώδιον, βοιδάριον, bouvillon; βόνασος, taureau sauvage; πρήν, taureau; βούβαλις, -λος, buffle; βοάριον, de bœuf; βόεος, βόειος, de bœuf, grand; βοεία, peau de bœuf; βοεύς, courroie de peau de bœuf; βουκαῖος, βούτης, βοώτης, βώτης, βουκαῖος, βωνίτης, βωςτήρ, βωτήρ, βωτώρ, bouvier, pâtre; βῶτις, bergère; βοών, étable de bœufs; βοωτέω, labourer.

L. *findere*, fendre; *fissura*, fente; *fatiscere*, se fendre; *fuscina*, *furca*, fourche, bident; *furcilla*, fourchette; *furcillare*, étayer avec une fourche; — *medius*, mitoyen; *medium*, milieu; *dimidium*, moitié; *mediolus*, moyeu; *mediare*, couper en deux; *mediator*, médiateur; *mediastinus*, marmiton; *mediocris*, médiocre; * *medidies*, *meridies*, midi; *merenda*, collation, goûter; *medulla*, moelle; *semi-*, *semis*, m., demi, moitié; — *porta*, porte; *porticus*, portique; (§ XXXVIII); — *vulva*, vulve; — — *boletus*, bolet; — *bos*, bœuf; *bovile*, étable à bœufs; *pecu*, bétail; *bestia*, *pecus*, bête; *peculium*, *pecunia*, biens; *bison*, bison; *bonasus*, taureau sauvage; *bubalus*, bœuf de Barbarie; *bubulcus*, bouvier, *butyrum*, beurre; *vacca*, vache; *vitulus*, veau.

F. fendre; fente; -fide; fenton; fissile; fissure; se fendiller; fêler; fêlure; faille; pharynx; sphène; — méso-, médi-, médio-; médian; médiat; médiateur; médiation; médiocre; moitié; mice; moyen; moyen, -ne; moyeu; mesair, mezair; mezzabout; mezzanine; mitoyen; mi-; demi; parmi; migraine; milieu; midi; méridien; minuit; moelle; médulle; myélo-; — spalt; speautre, spiautre; épautre; — balafre; plaie; — vulve; — bolet; — bisché; — bouteau; furci-; fourche; fourchu; foène; fouine; — porte; portique; porche; propylées; pylone; pylore; varaigne; pore; poreux; poro-; — bête; bétail; bestiaux; bestiole; bestion; bêtise; bœuf; bouvier; bouverie; bouvart, bouvillon; bovine; boviste; bu-; bubale; bubuline; buffle; bison; bouse; bousier; bousiller; beurre; vache; vaccin; vaccine; veau; vêler; vélin; pécore; péculat; pécule; pécune.

§ L. — COUPER EN MORCEAUX, SCIER, FAUCHER.

F. *moissonner;* L. *metere;* G. ἀμάω, Sa. *mas;* Chin. *py*, couper.

G. ψῶ, ψίω, ψίχω, broyer, couper en morceaux; ψιαίνω, diviser en parcelles; ψαίνομαι, hacher menu; ψάθος, ψιττίον, parcelle, miette; ψιά, ψίξ, ψίχη, ψιχία, ψώθιον, miette; ψωμός, ψωμίον, bouchée, morceau; ψωμίζω, empâter, nourrir; ψώμηξ, insecte qui ronge le blé; — μύρμος, μύρμηξ, fourmi; μυρμήκιον, verrue; μυρμηκία, fourmilière, foule; μυριάς, myriade; μυριός, infini, immense; μυρίοι, dix mille; — μάχαιρα, couteau; μαχαιρίς, rasoir; μαχαιρίδες, ψαλίς, ciseaux; πηκτίς, couteau pour découper; — σμίλη, ciseau; σμιλεύω, ciseler, sculpter; — ἀμάω, moissonner; ἄμητος, moisson; ἀμή, πληγᾶς, faux; — μάραγοι, lieux escarpés; — πρίω, πριάζω, scier, forer; πρίσις, sciage; πρίσμα, sciure, prisme; πρίων, πρίστις, scie; πριστός, scié; πρῆστις, scie (poisson).

L. *putare*, *amputare*, couper, amputer; *putamen*, écaille; — *machæra*, couteau; — *metere*, moissonner; *messis*, moisson; — *verruca*, verrue; *formica*, fourmi; — *mille*, mille.

F. morceau; mortaise; mêts; moisson; moissonner; messier; messidor; maire; métayer; — fourmi; formicaire; verrue; fourmiller; myri-; myriade; mille; mille, m.; million; — bion; billon; boucharde; prisme; prione; pristi-.

§ LI. — CHATRER, TONDRE, RASER, BOUCHER, m., TUER, MOURIR.

F. *mutiler;* L. *mutilare;* G. μιστύλλω; Héb. *mahal;* Chin. *po*, *van*, couper, châtrer.

F. *mourir;* L. *moriri;* G. (βροτός, mortel); Sa. *marana*, Chin. *mo*, mourir.

G. μιτυλός, πηρός, mutilé; μιστύλλω, πηρόω, mutiler; — βάκελος, βάκηλος, βαγώας, châtré, stupide; βλήττω, châtrer les ruches; — μαυλίς, μαυλίας, épée, couteau; μολεύω, couper les rejetons; — φασγανίς, φάσγανον, épée, couteau; φασγανίς, glaïeule; φάζω, σφάζω, σφαγιάζω, σφάττω, abattre, tuer; σφαγή, meurtre; σφακτής, assassin; σφάκελος, gangrène; σφαζάλη,, maladie de la mer Rouge; — μακελεῖον, abattoir; — πανδοῦρα, grand couteau de cuisine; — σπάθη, épée, dague; σπάθη, σπαθίς, spatule; σπαθάω, tisser; — βήρεκες, épées; — πέκω, ποκάζω, πεκτέω, tondre; πέξις, action de tondre; πέκος, πέσκος, πόκος, πόξ, tonte; — φάω, φένω, φονεύω, πέφνω, tuer; φονή, φόνος, meurtre; φοινός, sanglant; φοίνιξ, rouge; φοινίσσω, teindre en pourpre; φόνος, sang; chardon à suc rouge; φόνιος, sanguinaire; φονάω, vouloir tuer; — πότμος, mort, destin; φθίω, mourir; — βρότος, βρότειος, mortel; βροτοί, mortels, humains; βροτόω, rendre mortel; βρότος, sang corrompu; βροτόω, souiller de sang.

L. *mutilus, muticus, mancus*, mutilé; *mutilare*, mutiler; — *vervex*, mouton; — *baceolus, bacelus*, châtré, stupide; — *mactare*, tuer; *macellum*, abattoir; — *spado*, eunuque; *spadare*, châtrer; *spatha*, épée, spatule; — *funus*, meurtre; *funestus*, funeste; *funebris*, funèbre; — *puniceus, phœniceus*, rouge; — *venari*, chasser; *venatio*, chasse; *venator*, veneur; — *mori, moriri*, mourir; *mors*, la mort; *mortuus*, mort; *mortalis*, mortel.

F. mutiler; mutille; mutique; moignon; mouton; mouflon; brebis; — matador; massacre; massacrer; — boucher, m.; — épée, spatule; spadille; spadassin; — sphacèle; — brette; bretteler; bretailler; bretauder; brand; — bistouri; — palache; flamme; flammette; flamberge; — putaminées; — mousse, adj.; émousser; — mor-; mort; la mort; mourir; mortel; mortuaire; meurtre; meurtrier; moribond; — bourreau; bourreler; — funérailles; funèbre; funeste.

§ LII. — PARTAGER, PART, DIVISER, PEU, PETIT, MINCE, JEUNE, COURT, FINIR, BORNE, BORD, BOUT, FIN.

F. *part;* L. *pars;* G. μέρος, φάρσος, part; Sa. *mar;* Chin. *my, py*, partager.

F. *peu*; L. *parum*; G. παυρόν; Russe, *malo*; Chin. *pie, py*, peu.

F. *finir*; L. *finire*; Sa. *phan*; Chin. *pien*, finir; *pien, po*, fin.

G. μέλος, membre; μελίζω, dépecer; μελισμός, dépècement; μέρος, μερίς, μόρος, μορίς, μορία, μοῖρα, μοιρία, μόρτη, φάρσος, part; μόρα, division, partie; μείρομαι, μοιράω, φάρω, partager; μερίζω, μορέω, diviser; μορόεις, μόριμος, μόρσιμος, μοριαῖος, μοιρίδιος, mortel, fatal; μόριος, μερικός, partiel; μόριον, petite partie; — πεῖραρ, πεῖρας, πέρας, fin, extrémité; πειραίνω, περαίνω, finir, terminer; πρυμνός, πύματος, dernier, extrême; πρύμνα, poupe; πρυμνήτης, pilote, chef; — βραχύς, bref; βραχύνω, abréger; — παυρός, παυλός, μινύς, peu; μικκόν, un peu; μίσκοι, miettes de table; *μίω, μειόω, μινύω, μινύθω, diminuer; μίνυνθα, peu de temps; μείων, mineur; μεῖων, moins; μειόω, diminuer; μείωσις, diminution; βαιός, πεδανός, μικρός, μικκός, μινύς, μινυρός, σμικρός, petit; μικίζω, μικιζομένος, (nain) enfant de trois ans; — μανός, mince; μανόω, raréfier; μανάκες, rarement; μάνωσις, raréfaction; — βατύλη, naine; — ψιλός, ψάκιος, ψηχρός, ψύθιος, grêle, mince, rare, nu; ψιλισμός, diminution; ψαίκαλον, ψάκαλον, fétus, nouveau-né; — βόμβυξ, poupée.

L. *membrum*, membre; *pars*, partie; *partiri*, partager; *portio*, part; — *margo*, marge; **marchio*, marquis; — *finis*, la fin; *finire*, finir; *fimbria*, bord; *meta*, borne, but. — *dividere*, diviser; *dividus, -duus*, divisible; *divisus*, divisé; *divisio*, division; — *brevis*, bref; *breve*, lettre; *breviare*, abréger; — *parum*, trop peu; *pauci*, peu de; *paulus, paucus*, peu; *parvus*, petit; *pusus, pusillus*, fort petit; *pusio*, petit garçon; *pupa, puppis, bombyx*, poupée; *puppis*, poupe; *pupus*, poupon, enfant; — *mica*, mie; *minor*, moindre, *minimus*, le moindre; *minus*, moins; *minuere*, amoindrir, diminuer; — *macer, macilentus*, maigre; *macies*, maigreur; *macere, macescere*, maigrir.

F. pièce; part; parti; partie; parcelle; portion; particule; particulier; partage; partager; partir; départ; méri-; membre; verst; — marge; margelle; marginal; marginer; marc; marche; marquis; marque; marquer; marqueter; marquette; frise; frisquette; frange; franger; bord; border; bordoyer; bordure; — diviser; division; dividende; la fin; finir; finage; final; — borne; borner; bornoyer; berme; — moucher; mouchoir; — bout; about; aboutir; bouton; bouture; bot; but; buter; — brigade; brigadier; brigand; brigantine; — bref; brief; brièveté; abrévier; abréger; brevet; brevi-; bréviaire; brève; brachy-; — peu; pauci-; bagatelle; bibus; petit; pusilli-; parvi-; micro-; — moins; moindre; amoindrir; diminuer; mineur; minorité; minuscule; minime; miniature; minute; mignon; mignard; mijaurée; méiomie; miche; miette; mitonner; — mince; menu; menuet; menuiser; menuisier; maigre; maigreur; — fin, adj.; finesse; finasser; finance; — faon; fanfan; — poupée; pupe, poupon; poupe; pupille; poupard; marcassin; marcotte; bimbelot.

§ LIII. — SÉPARER, NIER, ÉCARTER, SEUL.

G. *μία*, une; *μόνος*, *μοῦνος*, seul; *μονόω*, isoler; *μουνόω*, laisser seul; *μονιός*, *μοναδικός*, *μονώτης*, solitaire; *μονάζω*, mener une vie solitaire; *μουνάξ*, à part; *μοναστής*, ermite; *μοναστήριον*, monastère; *μόναχος*, moine; *μονάς*, monade; — *μή*, ne-pas, non; — *ἀπό*, de, sans; —*βεκῶς*, de loin; — *φείδομαι*, éviter, épargner; — *πλάνη*, égarement; *πλήν*, excepté, hormis; *πλανάω*, égarer; *πλάνης*, *πλάνος*, errant, vagabond.

L. ***ab***, ***abs-***, ***am-***, de, dé-; ***absque***, sans; ***ve-*** pas; ***vetare***, défendre; ***vitare***, éviter; ***viduus***, veuf; ***vidua***, veuve; ***vituperare***, vitupérer; — ***monachus***, moine; ***monas***, monade; ***monasterium***, monastère.

F. pas, adv; éviter; veuf; veuve; veuvage; viduité; vivelotte; vitupérer; — biffer; — bezoard; — ban; bans; banal; banat; bannir; — bonze; moine; moineau; monacal; monastique; monastère, * moûtier; mono-; monade; monarque.

§ LIV. — CRIBLE, CRIBLER.

(Chin. *po*, crible; *fan*, grand crible; *po*, passer au crible).

G. *πτύον*, van, crible; *πτυάριον*, petit crible.

L. ***vannus***, van, crible; ***vannare***, cribler.

F. van; vanner; vannet; vannette; vannoir; vannier.

§ LV. — HACHE, HACHER, HOUE.

F. *faux*; L. *falx*; G. *πέλυξ*, Isl. *byta*; Chin. *fou*, hache.

G. *πέλεκυς*, *πέλυξ*, hache; *πελεκάν*, pélican; *πελεκκόν*, -*ός* manche de hache; *πελεκῖνος*, fève de loup.

L. ***vomer***, ***vomis***, soc de charrue; — ***pelicanus***, pelican.

F. pioche; piocher; pionner; besoche; halebarde, hellebarde; pertuisane; — bec; béquet; béquette; bécasse; beccard; bécune; — bèche; — foc; — pélican; — vomer; vomérides.

§ LVI. — AIGU, AIGUISER, AIGRE, ACRE.

G. *πικρός*, *πευκαλιμός*, *πευκεδανός*, amer; *πικραίνω*, *πικρόω*, rendre amer; *πέπερι*, *πεπερίς*, *πίπερι*, poivre.

L. ***amarus***, amer; ***amaritudo***, amertume; ***amarescere***, devenir amer; ***marrubium***, marrube; ***piper***, poivre.

F. amer; amertume; picro-; vermout; poivre; piment.

§ LVII. — B. ↓ , 10, g. ROMPRE.

ROMPRE, BRISER.

F. *briser*; L. *frangere*; G. *φλάω*, *φλαδάω*; Sa. *bhid*, *phat*; Chin. *po*, *pouan*, briser.

G. *φλάω*, *φλαδιάω*, briser, broyer; *φλαστός*, broyé; — *βλάξ*, blasé; *βλαδαρός*, flasque; *βλάζω*, être blasé; βλαδόν, lâchement, lentement; — βλάπτω, blaser, endommager; βλαπτικός, nuisible; βλάμμα, dommage, tort; βλάβη, βλάψις, lésion.

L. *frangere*, briser; *fractura*, brèche; *fragilis, frivolus*, fragile; *frustum*, morceau; — *blaps*, blaps.

F. bris, brisée; briser; brisque; brèche; friche; fragile; frêle; fraction; fragment; franguline; fruste; — blaser; blasé; blaps; — bribe, briber; — bric-à-brac; brocottes; broie; broyer; varech; vrac; — prude; pruderie; — flache; — macque; — se pâmer; — breuil.

§ LVIII. — MOUDRE, PÉTRIR.

F. *moudre;* L. *molere;* G. μωλύω, μύλλω; Sa. *mard;* Chin. *mo*, moudre.

G. πάλη, παιπάλη, farine; παλεύω, appâter; παλευτής, oiseleur; παλτάρια, fleur de farine de froment; παλύνω, couvrir de farine; παλυντή, παλημάτιον, bouillie; — πάσσω, saupoudrer; παστός, saupoudré; — πτίσσω, piler; πτισάνη, blé pilé; πίτυρον, son; πιτυρίας, -ρίτης, fait avec du son; πιτυρίασις, dartre farineuse; — μωλύω, μύλλω, moudre; μύλη, μύλος, μύλων, μυλών, moulin; μυλωθρός, μυλεύς, meunier; μυλακρίς, meunière; μύλακροι, dents molaires; μύλαξ, pierre ronde; — βύνη, malt; — πανός, μαμμάν, βέκος, βέκκος, pain; πάστα, mets de farine et de fromage; πάστη, bouillon de farine; πόπανον, gâteau; μάζα, μάγμα, masse, pâte; μαγδαλία, mie, magdaléon; μαζάω, faire des gâteaux; μάσσω, μάττω, μαλάσσω, πέσσω, πέττω, πέπτω, φύρω, φυράω, φορύω, φορύνω, φορύσσω, pétrir; μαγίς, μάκτρα, mactre, pétrin; μάξις, pétrissement; μάγειρος; cuisinier; μαγεύς, μακτήρ, qui pétrit, boulanger, pâtissier; μάλασσω, μαλακίζω, μαλθάσσω, μαλθακίζω, μαλθόω, amollir; μαλακός, μαλθακός, μείλιχος, μειλίχιος, mou, molle; μάλθων, mou, efféminé; μαλακία, μαλθακία, mollesse; μάλαγμα, cataplasme émollient; μαλάκιον, parure de femme; μάλθα, cire amollie; μάνος, βάαξ, mou, lâche.

L. *palea, apluda, appluda*, balle; *pollen, farina*, farine; *polenta*, farine séchée; *pulvis*, poudre; *molere*, moudre; *mola, moletrina, molendinum*, moulin; *molitor, molendinarius*, meunier; *mola*, meule; *mollis, mitis*, mou, molle; *mollire*, amollir; *mitigare*, mitiger; — *friare*, broyer; *friabilis*, friable; *furfur*, son; *mortarium*, mortier, *materia*, matière; *brasium*, malt; — *pisere, pisare, pinsere*, piler, pétrir; *pistor*, boulanger; *pistillum*, pilon; *pastillus*, pastille; *panis*, pain; *massa*, pâte; *mactra*, pétrin; *magdalia*, son; *magdalium*, magdaléon; — *maturus*, mûr; *maturitas*, maturité; *maturescere*, mûrir.

F. balle; paléi-; balasse; paille; poudre; poussière; bousin; flustre; poulevrin; pulvériser; pulvérulent; farine; furfuracé; pollen; pollini-; pollinaire; pityriase; piler; pilou; — mou; molle; mollesse; mollet, adj.; mollet, m.; molleton; mou, m.; mollir; amollir; mollusque; mitiger; mûr; mûrir; maturité; moudre; mouture; molaire; meunier; moulin; meule; mêts; malt; mortier; matière; malaxer; masser; masse; massif; magdaléon; magma; mactre; — pétrir; pétrin; pâte; pâté; pastel; pastille; pastiche; pâtissier; boulanger; pain; panade; paner; panier.

§ LIX. — DÉTRUIRE, SOUFFRIR.

F. *mauvais;* L. *malus;* G. μαλός; Sa. *badhas*, mauvais; *badh*, Chin. *pay, pa, min*, détruire.

G. πέρθω, πορθέω, détruire; πέρσις, saccagement, destruction; — φαρικόν, φάρμακον, poison; φαρμακόω, mêler les drogues; φαρμακός, pharmacien; φαρμακίς, sorcière; φαρμάσσω, φαρμακεύω, empoisonner; — μύδος, virus; μαλός, pernicieux; βλοσυρός, terrible; — φθίω, φθίνω, φθιτόω, gâter; φθίδιος, qui se gâte, qui dure peu; φθιτός, corrompu; φθίνα, rouille; φθίσις, phthisie; — φρύνη, φρῦνος, grenouille venimeuse; — πάσχω, souffrir; πάθος, πάσον, πεῖσις, lésion, souffrance; πάθη, accident, malheur; παθαίνομαι, se fâcher; — σμύχω, abattre, détruire; σμυγερός, βυκτός, misérable.

L. *pravus*, mauvais; *probrum*, crime honteux; *opprobrium*, honte; — *malus*, * *peus, pejor, pessimus*, mauvais, pire, le pire; *malandria*, malandre; *male*, mal; *malignus*, malin; ***malitia***, malice; ***pessum dare***, ***perdere***, détruire; ***pestis***, ***pestilentia***, peste; ***morbus***, maladie; ***morbidus***, malade; — ***miser***, misérable; ***miseria***, misère; — ***venenum***, ***virus***, venin; ***venenosus***, ***virulentus***, vénéneux; ***veneficium***, vénéfice; — ***phthisis***, phthisie; — ***pati***, souffrir; ***passio***, passion; ***passivus***, passif; ***patientia***, patience; ***passus***, *a*, ***um***, qui a souffert.

F. mal; pis; mauvais; pire; pessimisme; malandre; malotru; maltôte; malheur; malade; maladie; morbide; morbilles; malice; malin; maligne; malgré; mau-; maudire; maussade; maraud; — misère; misérable; miséréré; — peste; pestilence; pester; — poison; empoisonner; venin; vénéneux, venimeux; envenimer; vénéfice; virus; virulent; vireux; pharmaco-; pharmacien; — passion; passif; passible; patho-; pathétique; patience; patient; pâtir; — phthisie.

§ LX. — B. ⱶ. 10, b. BAS.

BAS, BAISSER, VIL, HUMBLE, PROFOND, FOND, SEIN, DANS, TRAVERS, OBLIQUE, SOIR.

F. ***bas***, ***vil***; L. ***vilis***; G. φαῦθος; Sa. ***badhas***, ***vyala***; Chin. *pey*, bas, vil.

F. ***fond***; L. ***fundus***; G. βάθος, μύχος; Sa. ***bhus***; Chin. *va*, fond; *my*, profond.

G. φαῦλος, φλαῦρος, μέλεος, ψινύθιος, vil; — πλάγιος, ψίλιος, oblique; πλᾶγος, flanc; πλαγιάζω, πλαγιόω, mettre de biais; — μοχλός, levier, verrou; μοχλόω, verrouiller; — φλία, seuil, chambranle; — φηλέω, φηλόω, φηλητεύω, σφάλλω, abattre, tromper; σφάλμα, chute, faute; σφαλλός, ceps, entraves; φήλωσις, φήλωμα, tromperie; φῆλος, φῆληξ, φηλήτης, σφαλερός, trompeur; — μύχος, fond, sein; μύχιος, μυχιαῖος, du fond, profond; μακρός, profond; μακρά, lacs profonds; — βαθύς, profond; βασσων, plus profond; βάθος, profondeur; βαθύνω, approfondir, fouir; — βυθός, βυσσός, βένθος, βυθμήν, βυθμός, πυθμήν, πύνδαξ, fond; βύθιος, qui est au fond; βύσσωμα, profondeur; βυθίζω, submerger; βῆσσα, vallée profonde; ἄβυσσος, ἄβυθος, abime; — βάραθρον, gouffre, abîme; βρύξ, fond de la mer; βραννία, cavités de la terre; — φάτνια, alvéoles, cavités des dents; φάτνη, crèche; φατνόω, construire en forme de crèche; φάτνωμα, lambris, plafond; — βωμός, base, autel; βωμίς, petit autel.

L. ***ve-***, bé-; ***vergere***, pencher; ***vestibulum***, vestibule, seuil; ***vesper***, ***vespera***, soir; ***vespertilio***, chauve-souris; ***vara***, traverse; ***vappa***, vin mauvais; ***vilis***, vil; ***futilis***, inutile, futile; — ***pulpitum***, pupitre; * ***pultetrum***, poutre; — ***fundus***, fond; ***profundus***, profond; — ***fæx***, fèces; ***fæcula***, fécule; ***fæculentus***, féculent; — ***abyssus***, abîme.

F. bas; bas, m.; base; basse; bassesse; bassier; basson; baisse; baisser, abaisser; ba-, bé-; bévue; bajoue; bajoyers; ba(lèvre); ba(lin); ba(line); beauveau, biveau; baroque; biais; biaiser; moise; biseau; bibus, bau, barre; barreau; barrer; barrière; barricade; bigue; boulon; boulonner; affaler; flageolet (πλαγίαυλος); — vil; vilain; avilir; vileté; vilenie; vilipender; futile; — fichu, adj.; basque; — vé-; vestibule; vésanie; ouest; vespérie; vespertilion; — piètre; patraque; — pan; panneau; — bonace; — fond; fonds; fonder; foncer; foncet; foncier; fondrilles; bodine, bodinerie; profond; approfondir; abîme, + abysme; abyssique; — fèces; fécule; — pupitre; poutre.

§ LXI.

TOMBER, DESCENDRE, PENDRE, FAIBLE, LAS, LACHE, FATIGUÉ, PARESSEUX.

F. ***faible***, L. ***flaccus***; G. βληχρός; Irl. ***fann***; Chin. *py*, *mèy*, faible.

G. * πέτω, πετόω, πίπτω, tomber; πεσεῖν, être tombé; πέσος, πέσημα, chute, cadavre; πίτνω, -έω, faire tomber, jeter; πτῶσις, πτῶμα, chute, ruine; — σφάλλω, faillir, se tromper; σφάλλομαι, s'abattre, tomber; σφάλμα, chute, faute; — μίλφαι, μίλφωσις, chute des poils des paupières; — μῶλυς, μολυρός, faible, lent; — παχύς, stupide; — βληχρός, faible, hébété; βλάξ, βλακικός, blèche, flétri; βλακεία, lâcheté; βλακεύω, être nonchalant; — μόγος, μόχθος, fatigue; μογέω, μοχθέω, fatiguer; μοχλός, oisif, lascif; — πτίλος, qui a perdu ses ailes; πτίλωσις, chute des ailes.

L. *flaccus, flaccidus, marcidus*, blèche, flétri; *flaccere, flaccescere, marcere, marescere*, se flétrir; *piger*, paresseux; *pigritia*, paresse; *pigrescere*, devenir paresseux; *baro, bardus*, homme stupide.

F. blèche; flasque; flaccidité; flandrin; flétri; se flétrir;—faible; faiblesse; affaiblir;—plonger;—paresse; paresseux;—badaud; balourd; benêt; — mat; mater; matir; fade; fadeur; fatigue; fatiguer; — -ptose; proptose; ptilose; — milphose.

§ LXII. — CREUSER, FOUIR, VIDE, OISIF.

F. *fouir*; L. *fodere*; G. βοθρόω; Sa. *bhud*; Chin. *pin*, enfouir.

G. βόθρος, βόθυνος, fosse; βοθρόω, βοθρεύω, fouir;— ἀμάρα, fosse, puits; μάνδρα, βήσσος, caverne; μέταλλον, mine; — φωλάς, φωλεύς, φωλιόν, σπέος, σπήλαιον, σπήλυγξ, caverne, antre; σπάλαξ, taupe; φωλάζω, φωλέω, φολεύω, se cacher, habiter dans les cavernes. — φροῦδος, vide, nul, vain; — μάταιος, μαψίδιος, vain, inutile, sot; μάτην, μάψ, en vain; μάτη, ματία, faute, sottise; ματαιόω, rendre vain; ματάω, ματάζω, faire d'inutiles efforts; — ψοίθος, vain, arrogant.

L. *fodere*, fouir; *fossa, fovea*, fosse; *puteus*, puits; — *specus, spelunca*, caverne; *sepulcrum*, sépulcre; *sepelire*, ensevelir; — *mina*, mine; *minera*, minière; *minerale*, minerai; *metallum*, métal;—*vacuus*, vide, vacant; *vacuare*, vider, évacuer; *vacare*, être vide, vacant; *vacantia*, vacances; *ficus*, figue;—*vanus*, vide, vain; *vanitas*, vanité; *vanescere, evanescere*, s'évanouir; — *fistula*, fistule.

F. fouir; fosse; fossile; fossoyer; fouger; fouiller; farfouiller; puits; fovéolé; bétoire; boutoir; boutis; bouvet; bourbe; bourbier; bouldure; boulin; sépulcre; ensevelir; — vaquer; vacuité; vacant; vacances; évacuer; figue; fic; fico-; figuier; bacove; bacovier; banane; bignone; — vide; vider; fistule; flute; — vain; vanité; vanter; s'évanouir; — bombe; bomber; — for-, four-; forclore; forfaire; forfait; frelater; frelampier; fors; forain; forcené; fourbu; fur; — mine, minière; miner; minage; minerai; minéral; métal; mitraille.

§ LXIII. — SEMENCE, RACINE, PRINCIPE.

F. *fève*; L. *faba*; G. πύανον; Russe, *bob*, fève; Chin. *po*, semence.

F. *bette*; L. *beta*; G. βάαρας; Pol. *burak*, betterave; Ch. *po, pen*, racine.

G. πύανον, fève; βουνιάς, buniade; — πίσον, pois; φάσηλος, φασίολος, faséole; — φάκος, lentille; φακή, βικίον, vesce; μήκων, pavot; βάκανον, semence de rave; — μήλωθρον, βρυωνία, bryone; μανδραγόρας, μώριον, mandragore; βάαρας, racine; βραγχίς, ver de racine; πρέμνον, racine, tronc; πρεμνιάζω, déraciner; μαμηρά, μαμιρά, doronic (racine des Alpes); φόριγξ, truffe; — βηρεσσεύω, σπείρω, semer; σπαρτός, semé; σπορά, σπέρμα, semence, grain; σπόρος, semailles; σποράς, σποραδικός, errant, dispersé; — βάτραχος, grenouille; — πυρήν, πυρίνη, grain, pepin, noyau; πυρός, froment, blé; πύρινος, de blé; πύρινον, πύρνον, pain bis; πυρναῖος, bon à manger, mûr; — πασπάλη, grain de millet.

L. *faba*, fève; *pisum*, pois; *vicia*, vesce; *faselus, phaselus*, faséole; — *papaver*, pavot; — *beta, batis, batus*, bette; *bryonia*, bryonie; — *fruges*, fruits; *frugalis*, frugal; *fructus*, fruit; *frui*, jouir de; *frumentum*, froment; — *frux*, fruit; *frugi*, utile; — *spargere*, semer; *sperma*, sperme.

F. fève; fabage; faséole; pois; pisi-, piso-; possire; pavot; papavéracé; pepin; phaco-; vesce; — mil; millet; miliaire; miliacées; — sperme; speirème; sparsile; spore; sporo-, sporadique; batraciens; baudroie; boutargue; — fruit; fructueux; frugi-; frugal; froment; frumentacé; — bette, bête; bryone; buniade; bunion; mandragore; — blé; blaireau; blairie; blatier; blater.

§ LXIV. — PLAT, UNI, SIMPLE, ÉGAL, DOS, FLANC, LIEU, CHAMP, TERRE, PIERRE, ROCHER, FER, DUR.

F. *pays*; L. *pagus*; G. πάγος, πέζα, pays; πέδον, Sa. *vallan*, Chin. *pey*, champs, vallée.

F. *plat*; L. *planus*; G. πλατύς; Angl. *plain, flat*; Gael. *min*; Chin. *meou, ping*, uni.

G. πέδον, πεδιόν, champ, fonds; πέδανος, πέδινος, plat; πίσος, prairie; πάγος, pays; πέζα, pays, parapet; βῶλος, bol; βῶλαξ, motte, glèbe; βωλίτης, champignon; πηλός, argile, limon; πήλινος, fait d'argile; — πλατύς, plat, large; πλατύνω, élargir; πλάτη, πλάτιγξ, bout de la rame; παλάμη, plat de la main; πλατεῖα, rue; πλάτος, surface; πέλεθρον, πλέθρον, arpent; πλαταμών, rivage plat; πλάτιον, bateau plat; πλάτανος, platane; πλατόω, aplatir; πλαθάνη, plateau rond; πλατάνιστος, plateau; πλάστιγξ, plat, table; πλατεῖον, tablette; πλακόεις, large et mince; πλακερός, large; πλακοῦς, πέλανος, μύλλος, gâteau; βήρεκες, gâteaux, galettes; πλακίς, lit de fleurs; πλάξ ,πλαταμών, plaque; πλακόω, plaquer; πλακίς, lit de fleurs; — πλευρά, côté; πλάγιος, du côté; — πίναξ, planche, ais, table; πυκτίον, tablette; — πίθης, πίθηκος, singe; — γύαλον, vallée; — ψάμμος, sable; ψάμαθος, sable, rivage, bord; ψαμμίζω, enfouir dans le sable; ψῶχος, terre sablonneuse; — ψῆφος, * ψάφας, caillou; ψαφαρός, sec, maigre; ψειαί, cailloux;—βραχέα, bancs de sable, écueils; πῶρος, durillon, cal; πωρόω, durcir, pétrifier; πώρωσις, callosité;— μαυρός, μορφνός, obscur; μαυρόω, obscurcir; πέρκος, περκνός, noir, bigarré; πέλειος, πελός, πελίος, πελλαῖος, noir, brun; πέλλος, πελλός, noirâtre; πέλεια, pigeon noir; πελιδνός, πελιτνός, livide;— ψέφος, ψεφαῖος, ψεφαρός, obscur; ψέφος, obscurité; ψέφω, obscurcir; —μέλας, noir; μελαίνω, noircir; μελανία, μέλασμα, noirceur.

L. *pagus*, bourg, pays; *paganus*, païen; *propagare*, propager; — *vallis*, vallée; *plaga*, plage; *planus*, plat; *pratum*, prairie; *platea*, rue; *platanus*, platane; *platessa*, poisson plat; *placenta*, omelette; *planaria*, planaire; *planta*, plat du pied, plante; *planca*, planche; *palma*, plat de la main; — *mundus*, monde; *mundanus*, mondain; — *pithecium*, guenon, singe femelle; —*bolus*, bol; *marga*, marne; — *Maurus*, *Maurusius*, maure; *morus*, *morum*, mûre; — *ferrum*, fer; — *mensa*, table; — *vastus*, vaste; *vastare*, dévaster.

F. pays; païen; paysage; paysan; paganisme; propager; — monde; mondain; — val; vallée;— plaine; plan; plain; aplanir; — pré; préau; prairie; pratelle; — bourais; boulereau,-ron; bol; pétunsé; psammo-; bougue; béton;—dévaster; gâter; vaste; — plat; aplatir; plante (du pied); flatir; flétan; flatole; flan; flanc; flanquer; flanconnade; flanchet; flanchis; plage; plagi-, plagio-; pleuro-; pleurésie; plèvre; placenta;—paume; palame; palmer;—babion; babouin; babouche; — mense; mensale; — panne; panner; piano; piastre; platy-; plateau; platine, f.; plate; plani-; planaire; planulé; platane; plie;—plaque; plaquer; placard; planche; volige; — fer; feret; ferraille; ferrement; ferrer; ferret; ferreur; ferrique; feri-, ferro-; ferrugineux; — maure; more; moreau; morelle; moresque; moricaud; mûre; mûrier; mori-; morne; morné; borgne; percno-.

§ LXV. — ASSEOIR, COUCHER, S'APPUYER, REPOSER, PATIENCE, DORMIR, COTÉ.

F. *où*; L. *ubi*; G. ποῦ, ποῖ; Allem. *wo*, où; Suéd. *bo*, Sa. *vaiças*, Chin. *ouo, wo*, demeure.

G. πᾷ, πῇ, πόθι, ποῖ, πόσε, * πῦς, ποῦ, où? ποι, quelque part; πόθεν, d'où? ποδαπός, de quel pays? ποῖος, quel? qui? ποία, πόα, quelle? πόσος, combien grand? ποσός, quelque; πηνίκα, quand? πηλικός, de quel âge? ποσότης, quantité; πόστος, le quantième; ποτ', ποθ', πότε, quand? πότερος, lequel des deux? πῶ, πῶς, comment? πω, en quelque façon; — μένω, rester, demeurer; μίμνω, rester, attendre; μενετός, qui peut rester; μονή, demeure, séjour; — πυγή, πύξ, φάρυς, πρωκτός, fesses; — σφίγγιον, petit lit, grabat; σφέλας, escabelle; — βαυβάω, βρίζω, dormir; — Μοῦσα, Muse, chant; μουσεῖον, musée; μουσική, musique; μουσίζω, μουσόω, faire de la musique; — βῆτα (héb. *beth*, maison), bèta, seconde lettre de l'alphabet grec.

L. *ubi*, où; *ibi*, là; *fui*, je fus; *futurus*, futur; *quies*, repos; *quietus*, tranquille; *quia*.

quod, quum, parceque; *qui, quæ, quod*, qui; *quis? quæ? quid?* qui? quoi? *qualis*, quel; *quando*, quand; *quantum, quot*, combien; *quam*, autant que; *quomodo*, comme; *quin*, que ne; *quisque*, chacun; — *manere*, rester; *mansio*, maison; — *vicus, villa*, village; *vicinus*, voisin; — *mittere*, mettre, envoyer; *missio*, mise, envoi; *missa*, messe; — *ponere*, poser; *positus*, posé; *postis*, poteau; *podex*, fesses; — *banca*, banc; *sponda*, lit; — *fastus, a um*, de séance; *fasti*, fastes; — *Musa*, Muse, chant; *musica*, musique; *musicus*, musical.

F. où; je fus; futur; feu; fois; fastes; — + mas, maison; manoir; masure; maçon; manant; éminent; imminent; permanent; — demeure; demeurer; — mettre; mise; messe; permettre; prémisses; promettre; promesse; — poser; positif; poste; poster; podex, fesses; pygo; procto-; pondre; ponte; ponant; posture; postillon; poterne; propos; proposer; — bouter; boute-; bouté; boutée; boutoir; — bodée; banc; bancasse; banco; banque; banquet; banquette; — bauge; — baraque; cabaret; — place; placer; — voisin; vicinal; — muse; muser; amuser; Muse; musée; musique; musical; musicien; musette.

§ LXVI. — VASE, m., VAISSEAU, BOITE, BASSIN, PLAT.

F. *vase*; L. *vas*; G. βῖκος; Angl. *vat*; Héb. *bath*; Chin. *fou, po*, vase.

G. πέλυξ, bassin, plat; πελαργός, pot de terre; πελίκη, πέλιξ, πέλις, πέλλα, πέλλη, πελλίς, πύελος, μέλη, bassin; πυελίς, châton d'anneau; φολίς, écaille; φιάλη, fiole; φιαλίς, carafon; φιαλέω, se mettre à boire; μέλη, βαυκάλις, coupe; — βῖκος, βικίον, bassin; πακτών, bac, ponton; πυξίς, boîte; — πίταχνον, plat, m.; βατάνιον, plat, assiette; μαθαλλίς, πατάνη, βατιάκη, πάτανον, πάταχνον, πατέλλιον, coupe; βίτινα, urne; ποδιστήρ, marmite, chaudron; πίθος, πιθάκνη, πιθάριον, πιθεῖας, cuve; βουτίς, βούτιον, βούτινον, βῦτις, βυτίνη, πυτίνη, βήσσιον, βαυκάλιον, bouteille; μάτιον, petite mesure; βάτος, seau; βωτίον, φιδάκνη, petit tonneau; φάσηλος, chaloupe; πίστρις, bâtiment de mer; μόδιος, muid; μέδιμνος, mesure de six boisseaux; — πῶμα, coupe, gobelet; μανής, pot; — μάρις, mesure de liquides; φωριαμός, coffret, cassette; βάρις, barque; vaisseau; — μάγγανα, bac; — πλοῖον, bâteau; πλοΐζω, naviguer; πλόος, navigation.

L. *vas, vasis*, vase m.; *vasculum*, vascule; *matula, buttis, fidelia*, bouteille; *patera, patina*, patelle, plat; *modius*, muid; *modiolus*, coupe; *medimnus*, mesure de six boisseaux; *peziza, pezita*, pézize; — *ponto*, bac, ponton; *batillum*, pelle de fer; *pala*, pelle, châton d'anneau; — *poculum, bria*, coupe; *phiala*, soucoupe; * *bacinus, pelvis*, bassin; *brochus*, broc; *paro*, brigantin; — *pyxis*, boîte; *pimpinella*, pimprenelle.

F. vase; vaisseau; vaisselle; vascule; vasset; bassin; bouse; — pot; potier; potasse; bouteille; — futaille; muid; bagne; baille; bichet; baril; barotte; barrique; bétuse; bussard; bac; bachot; bachou; baquet; ponton; boute; boucaut; bouée; — pelle; bèche; braille; bobèche; boquet; buire; burette; pinte; baise; bidon; marmite; bouli; matras; broc; boujuron; boussole; pyxide; — pale; palet; palette; plat, m.; patère; patelle; patène; pelvi-; phialite; — boîte; fusil; fusiller; — balle; bocal; bol; bowl; fiole; flacon; — pezize; boucage; primprenelle; pimpinelle; — barque, barge, berge; barcasse; barcarolle; brick; pirogue; prame; frégate; felouque; fuste; patache; péniche; péotte; pinasse; pinque; bugalet; boyer; bateau; bosseman; balandre, bélandre.

INDEX FRANÇAIS.

B, ↓.

NOTA. Les indications en chiffres arabes, qui suivent chaque mot dans l'Index, renvoient aux paragraphes que la Triglotte contient en chiffres romains.

INDEX LATIN.

B, ↓.

NOTA. Les indications en chiffres arabes, qui suivent chaque mot dans l'Index, renvoient aux paragraphes que la Triglotte contient en chiffres romains.

INDEX GREC.

B. ↓.

NOTA. Les indications en chiffres arabes, qui suivent chaque mot dens l'index, renvoient aux paragraphes que la Triglotte contient en chiffres romains.

POST-SCRIPTUM.

L'arbre généalogique des langues sera tracé par la Panglotte.

Il diffère de l'arbre génétique de la parole, dont la nature est la même dans tous les idiômes.

L'arbre génétique des idées exprimées par la parole, se ramifie en cinq branches principales nées de sa tige.

La tige est la faculté de la parole, le talent d'attacher les sons des organes de la bouche aux notions conçues par les sens et formées par l'esprit.

Elle a d'abord produit *la branche échologique*, l'onomatopée, qui se ramifie en dénominations de la chose ouïe, faites par imitation des voix des animaux, des exclamations de l'homme, et du bruit de quelques actions et de bien des évènements dans la nature. Alors vient *la branche phénologique* qui porte les noms des choses vues. Ensuite se séparent les trois branches de la chose mue, *la branche hypsilogique* pour les choses mues en haut, *la branche hypologique* pour celles mues en bas, et *la branche porologique* pour les choses mues en liberté. (Voyez § XVI de l'Introduction.)

Ces dénominations des choses, librement formées par les premiers hommes, en sont l'héritage chez leurs descendants qui ont peuplé la terre, mais elles ont été différemment cultivées par les nations depuis leur séparation. Il s'agit de retrouver leur origine dans les monoconsonnes.

C'est en étudiant le détail des mots que produit l'arbre de la parole dans les cinq catégories du sens, que nous parvenons à en faire la classification qui sert à réunir les mots parents en familles ; et c'est en comparant ces familles de mots dans les différentes langues, que nous en découvrons l'origine en monoconsonnes, leurs compositions, et les caprices de leur transformation.

La comparaison des langues par familles de mots sert :

1.° A éclairer la parenté des langues et des nations ;

2.° A retrouver l'origine et le sens primitif des mots, et

3.° A ajouter, à l'étude des lettres dans les écoles, l'arbre génétique des notions humaines.

J.-H. K.

VERSAILLES. — IMP. D'AUG. MONTALANT.

www.ingramcontent.com/pod-product-compliance
Lightning Source LLC
LaVergne TN
LVHW020449230826
846091LV00004B/1614

* 9 7 8 2 0 1 1 9 1 1 5 6 8 *